Jennifer McCann

Afrika ist kein Land

Reisegeschichten von
Angola bis Madagaskar

REISEDEPESCHEN

Originalausgabe
Erste Auflage, Mai 2021

Reisedepeschen ist ein klimaneutraler Verlag:
climatepartner.com/15175-2010-1001

ISBN 978-3-96348-014-0

Die Gestaltung, die Illustrationen sowie die Herstellung lagen in den Händen von Johannes Klaus. Das Lektorat übernahm Hanna Schuler. Druck und Bindung nahmen Beltz Grafische Betriebe in Bad Langensalza vor. Gedruckt wurde auf Kamiko Fly Shira, klimaneutral hergestellt in Bad Dürkheim von Cordier Schleipen, sowie auf Surbalin von Peyer Graphic in Leonberg, beide FSC-zertifiziert. Dieses Buch wurde klimaneutral produziert.

Die Deutsche Nationalbibliothek verzeichnet diese Publikation in der Deutschen Nationalbibliografie; detaillierte bibliografische Daten sind im Internet über http://dnb.dnb.de abrufbar.

reisedepeschen.de

Für Sigi

Niger
Tschad
Sudan
Eritrea
Jemen
Nigeria
Äthiopien
Süd-Sudan
Zentralafrikansche Republik
Kamerun
Somalia
Uganda
Kenia
Republik Kongo
Gabun
Demokratische Republik Kongo
Ruanda
Tansania
Sansibar
Angola
Malawi
Sambia
Mosambik
Simbabwe
Madagaskar
Namibia
Botswana
Südafrika

Inhalt

400 VOLTS
DANGER
خطر
VORWORT

Vorwort

Afrika übt seit meiner Kindheit eine starke Faszination auf mich aus. Vielleicht war der erste Anstoß dazu ein Bilderbuch im Regal meines Kinderzimmers. Darin befand sich eine Weltkarte, die auf einer roten Fläche unterhalb Europas große Säugetiere zeigte. »Das ist Afrika«, sagte meine Mutter. Sie umkreiste mit ihrem Finger den Kontinent, während ich staunend vor dem Buch saß und wissen wollte, warum die abgebildeten Giraffen und Löwen nicht in Deutschland leben können. Einige Jahre später, als Jugendliche, weckte die Musik aus dem Film *Out of Africa* den Wunsch in mir, irgendwann einmal selbst loszuziehen; das hohe Crescendo der Streicher, das Einsetzen der Blechbläser, diese betörenden Melodien, die mich gedanklich zu fernen, exotischen Orten brachten. Vielleicht entstand die Sehnsucht aber auch aus der Verwunderung, die eine verblasste Geschichte über einen Verwandten hervorrief, der als Blauhelm während einer UN-Mission im Kongo auf eine Mine trat. Captain Ronald McCann, gestorben am 9. Mai 1962, Dienstnummer 0.6769. *Ar Dheis Dé a raibh a anam* steht über einer Liste der getöteten irischen Friedenssoldaten. *Möge seine treue Seele zur Rechten Gottes sitzen.* Hinter vorgehaltener Hand wird geflüstert, Onkel Ronnie sei betrunken im Dschungel gegen einen Baum gefahren.

In all diesen Jahren hatte ich nur eine vage Vorstellung von der riesigen Landmasse, die ich mithilfe des Wortes *Afrika* so drastisch vereinfachte. Auch wenn es mir nicht bewusst war, sprach ich lange Zeit über den Kontinent, als wäre er nur ein großes, imaginäres Land.

Doch je mehr ich mich mit Afrika beschäftigte, desto deutlicher wurde mir, dass meine verqueren Vorstellungen nicht nur meinem jungen Alter geschuldet waren. Auch in der Schule und in den Nachrichten werden vor allem Stereotype reproduziert: der Sonnenuntergang in Afrika – immer rotglühend. Die Ursprünglichkeit der Savannen und Urwälder, die Wiege der Menschheit. Die tiefe Erkenntnis, die nur in der afrikanischen Wildnis gefunden werden kann, etwa beim Blick in die Augen eines weisen Elefanten. Oder, wenn es politischer sein darf: keine Bildungsmöglichkeiten, aber dafür Hunger, Korruption und Gewalt – die ewig gleichen Bilder. All diese Klischees und Vorurteile üben große Anziehungskraft aus. Dominieren im eigenen Denken die negativen, dann ist es leicht und scheinbar legitim, den Kontinent zu verteufeln. Verfällt man aber in Schwärmereien, dann trifft der positive Sog auf den Zeitgeist und verspricht Selbstfindung: Denn wo kann man sich selbst besser erkennen als unter dem weiten Himmel Afrikas, wo besser seinen eigenen Weg finden als im Rhythmus der afrikanischen Seele? Wo kann man noch echte Abenteuer erleben und so handfest den Ärmsten der Armen helfen? Nach und nach verstand ich, wie wenig ich wusste und wie wenig Respekt ich den Menschen und Kulturen dort durch diese extremen Vereinfachungen entgegenbrachte.

Seit 2010 mache ich mich immer wieder auf den Weg, um mehr über den Kontinent herauszufinden. Um in Klischees einzutauchen, aber auch um zu überprüfen, ob ich die kleinen und großen Unterschiede erkenne, die die afrikanischen Staaten ausmachen – so wie ich sie auch in Europa beobachte. Ich will selbst erfahren, wie weit ich vom höchsten Berg Afrikas blicken kann und wie das Essen auf dem Nachtmarkt von Stonetown auf Sansibar schmeckt, wie die Stimmung in einem vollkommen überfüllten Minibus oder einem einheimischen Pub ist. Ich will sehen, wie die gelbe Welt der Namib-Wüste im Sonnenlicht strahlt oder wie es sich anfühlt, im Regenwaldgürtel des Äquators zu wandern, die tropische Luft zu atmen und hinter jedem Rascheln einen Waldelefanten oder Flachlandgorilla zu vermuten. Ich will wissen, wie wuselig die Städte und still die Ebenen sind – ja, ob ich diese sagenumwobene Freiheit verspüre, wenn der Sonnenuntergang, selbstverständlich rotglühend, die Savanne verfärbt. Vor allem möchte ich die Menschen kennenlernen, die die Länder Afrikas bewohnen. Von ihnen an die Hand genommen werden, Einblicke in ihr Leben bekommen, Freundschaften schließen, gemeinsam lachen und weinen. Aber auch ergründen, wie die Jahrhunderte des Kolonialismus ihr Leben noch immer beeinflussen, und die Verantwortung verstehen, die daraus für mich erwächst.

Die übernommenen Bilder ersetze ich durch eigene Erfahrungen und Erkenntnisse und erschaffe ein realitätsnäheres Bild. So vielfältig und bunt, schön und erschütternd, ähnlich und grundverschieden sind die Erlebnisse, Menschen und Länder, die ich bereise, dass ich weiß: Afrika ist kein Land.

It's Kili time!
MAKE THE MOST OF IT.

Tansania
Kilimandscharo

Kurz nach meinem zweiundzwanzigsten Geburtstag buchte ich ein Flugticket. Der Plan: einen Monat lang mit dem Rucksack durch Tansania reisen. Und weil ich zu diesem Zeitpunkt etwas Erhabenes brauchte, entschied ich mich außerdem dafür, zum ersten Mal in meinem Leben einen hohen Berg zu besteigen, den Kilimandscharo. Vielleicht würde ich von dort aus klarer sehen.

Ich erinnere mich an meine erste Nacht: Der Wind wehte einen neuen Geruch durch das geöffnete Fenster, während das Auto vom Flughafen nach Moshi fuhr, eine Stadt am Fuße des Bergmassivs. Vereinzelte Lichter blitzten durch die Nacht, Gestalten wanderten in der Dunkelheit am Straßenrand. Ich war allein aufgebrochen, selbst mein Gepäck war in Amsterdam geblieben, und obwohl bereits am übernächsten Tag die Besteigung des Kilimandscharos starten sollte, störte mich das Fehlen der Ausrüstung wenig. Dafür hatte ein junger Flughafenmitarbeiter gesorgt. Er grinste mich an, schrieb sich den Namen meines Hotels auf und sagte, während er mir die Hand auf die Schulter legte: »Hakuna matata – no worries«. Ich ließ mich von ihm beruhigen, er behielt recht. *Hakuna matata* sind die heiligen Worte, mein persönliches Mantra, die mich heute noch auf Reisen begleiten.

Als ich in derselben klaren Nacht auf dem Dach des Hotels saß und die bei Tage oft im Nebel verhangene weiße Spitze des Kilimandscharos unter schwachem Sternenlicht erblickte, war ich mir sicher, dass ich auch ohne Haarshampoo und Schlafsachen überlebte. Diese Erkenntnis war, obwohl so klein und lachhaft, irgendwie befreiend.

Was mich letztlich dazu brachte, auf den Kilimandscharo zu steigen? Es war ein tiefsteckender, über die Jahre gewachsener Trotz, dem ich mit dieser persönlichen Herausforderung Ausdruck verlieh. Ich wollte mich unbedingt ausprobieren, herausfinden, ob ich etwas schaffen kann, von dem erstaunlich viele Menschen in meinem Umfeld glaubten, dass es Zeitverschwendung, Angeberei, schlicht eine Dummheit sei. Natürlich tat ich vor meiner Abreise so, als wäre es mir egal, was andere zu diesem Vorhaben sagten. Sie belächelten mich, nahmen es mit Gleichgültigkeit auf, kamen um vor Sorge. Nur eine Person dachte anders darüber. »Du wirst das schon machen«, sagte mein Vater, und das tat gut. Ich verstand erst später am Berg, dass es eigentlich nicht von Bedeutung war, ob ich den Gipfel erreichen würde oder nicht.

Ein Schneesturm wütet, er rüttelt an der Hütte, schickt Eiskörner auf die Erde. Draußen nur Schwärze, drinnen füllt Gemeinschaftsgefühl den Raum. *Little Lion Man* von Mumford & Sons ertönt aus einer kleinen Box in unserem Zimmer kurz vorm Schlafengehen. Zwei Engländer, ein Ire, ein Schweizer Ehepaar, Mathias, den ich kurz vor dem Aufstieg kennenlernte, und ich liegen in unseren Etagenbetten in der Hütte an der Ostflanke des Kibo, des höchsten der drei Gipfel des Kilimandscharo-Massivs und damit der höchsten Erhebung

Afrikas. Dieses Zimmer ist die letzte Zuflucht vor dem Gipfelanstieg. Bald schon werden wir aufbrechen.

Bereits seit vier Tagen bin ich am Berg. Berauscht von der Höhe erkenne ich, dass dieser Moment, die Stunden vor der letzten Etappe, besonders sind. Es ist das letzte Luftholen, der letzte unbeschwerte Augenblick, bevor ich mich mit dem eigenen Scheitern oder Erfolg auseinandersetzen muss. Wer weiß schon, wie lange die Erinnerungen an diesen Tag das eigene Denken, das eigene Selbstbild bestimmen werden?

Die Angst vor dem Scheitern beschäftigte mich. Während der Wanderungen hatte ich viel Zeit zum Nachdenken, konnte meine Sorge aber nicht völlig ergründen. Doch jetzt, in der Nacht vor der finalen Etappe, ist es anders: Ich bilde mir ein, auf einen möglichen Rückschlag bestmöglich vorbereitet zu sein. Denn dieses besondere, berauschende Gefühl, von dem ich dachte, dass es mir erst am Gipfel begegnen würde, begleitet mich schon seit einiger Zeit:

TAG 1. Affen queren im feuchtheißen Dschungel unseren Weg, auf dem Aststumpf eines moosbewachsenen, mit Flechten überzogenen Waldriesen sitzt ein Baumschliefer. Die Welt ist grasgrün, tannengrün, bromeliengrün. Am Abend sehe ich den Regen über die Bäume rauschen, das Wehen der Bartflechten in den Ästen verleiht dem Wald Lebendigkeit. Mystische Geschichten leben hier. TAG 2. Der Urwald bricht auf, Baumheiden, Erikasträucher, Riesensenecien zieren die Landschaft unter azurblauem Himmel. Dann führt der schmale Weg in dichten Nebel, wir erreichen die Wolkengrenze, das Wetter ändert sich so plötzlich wie die Farbe des Chamäleons, das uns aus einem Busch am Wegesrand beäugt. Die Erde unter mir wird kleiner, im Horombo-Camp, dem zweiten von drei Camps auf unserer Route, steht auf etwa 3700 Metern ein Stuhl etwas abseits, ich nehme Platz, die Wolken ziehen neben mir vorüber, verfärben sich langsam, orange, rot, pink, darunter nur Weite. TAG 3. Warten, wandern, akklimatisieren, zum Camp zurückkehren. Nachts pfeift der Wind unter der Brettertür hindurch, die Kerze flackert, dann erlischt sie. Ich krabbele aus dem Schlafsack, ziehe meine schweren Wanderschuhe an und trete vor die Tür. Im Camp ist es still, jeder spart seine Energie. Ich gehe zum Stuhl. Winzig klein blinken die Lichter aus Moshi in den Himmel. Hoch über mir schicken millionenfach die Sterne ihr Licht auf die Welt hinab. Weit hinten, am dunklen Horizont, jagen Blitze über die Steppe, das Wetterleuchten und ich sind mittendrin. Die Welt zeigt mir nicht, dass ich klein bin. Vielmehr, dass alles um mich herum riesengroß, gewaltig, zeitlos ist. TAG 4. Wir wandern auf dem Mond, so stelle ich es mir dort vor. Keine Pflanzen mehr, nur noch Steine, eine unwirtliche, riesige Ebene. Die Kibo-Wüste erstreckt sich vor mir. Zur Rechten erhebt sich der Mawenzi, seine schroffen Felsspitzen sind weiß bepudert. Direkt vor uns liegt nun der höchste Punkt Afrikas, ein gewaltiger Berg wächst aus dem Massiv, die Kibo-Spitze mit weißer Kappe, dem eisigen Gletscher.

Diese Eindrücke, die Schönheit und Anmut der Natur, des Wetters, der Gesteine, speichere ich an einem inneren Ort ab, an dem ich entscheide, dass sich die Reise zum Kilimandscharo trotz möglichem Scheitern gelohnt hat. Sie dominieren.

Doch es gibt auch andere Eindrücke, die an einem anderen Ort, einem nicht so persönlichen, nicht so egozentrischen Ort abgelegt werden. Ich frage mich nämlich rückblickend, ob meine Besteigung den Beigeschmack eines kolonialen Aktes hatte.

TAG 1. In Marangu, einem Dorf in der Nähe des Startpunktes, wählt Dickson, mein Guide, schnell ein paar Männer aus, die sich aneinanderdrängen und um einen Job als Träger flehen. Ich weiß nicht, nach welchen Kriterien er entscheidet, ich lasse ihn gewähren, bin teilnahmslos. TAG 2. Auf dem Weg zum Horombo-Camp kommen wir an einem Grab vorbei. Hier, auf etwa 3600 Höhenmetern, starb vor wenigen Monaten ein Träger. Er war nicht ausreichend ausgerüstet, der Poncho fehlte, er erfror bei einem Wetterumschwung. Der Nebel war zu dicht, um das Camp zu finden. Meine Ausrüstung ist natürlich vollständig. Mir wird bewusst, dass ich nicht weiß, welche Kleidung unsere Träger dabeihaben, ich sehe sie selten während des Wanderns. TAG 3. Für ein gemeinsames Foto hält Dickson ein wenig zu lang meine Hand fest. Ich bekomme ein ungutes Gefühl. Als wir zu Abend essen frage ich Dickson, warum James, der zweite Guide, die vier Träger, der Koch und sein Helfer, der uns bedient, nicht auch in der Gemeinschaftshütte sitzen. Sie gehören doch zur Gruppe! Dickson sagt, die Weißen, die *Wazungu*, sollen, ja, sie wollen unter sich sein, das gehöre sich so. Seine Worte beschreiben eine klare Hierarchie. Ich beginne, mich mit meiner Hautfarbe auseinanderzusetzen. Dieses Wort, *Wazungu*, Weiße, – oder *Mzungu* in der Einzahl –

hat so viele Nebenbedeutungen, so viele Konnotationen, die ich noch nicht recht einordnen kann. Mal wird mir das Wort, das vor allem die Fremdheit, das Anderssein betont, mit unverhohlener Abneigung hinterhergerufen, dann wieder mit freundlicher Neugier.

TAG 4. Ich gebe einem fremden Träger, der mehr trägt, als er sollte, meine Wasserflasche. Er sieht sehr schwach aus. Ein Guide von einer anderen Truppe beschimpft ihn, fragt, warum er das Wasser der Weißen austrinke. Es ist befremdlich, dass dieser Mensch ein so unterwürfiges Verhalten von einem Mann einfordert, der dafür sorgt, dass Touristen den Berg besteigen können. Ich glaube zu erkennen, dass der Träger sich nun grundlos schämt. Ich tue es zumindest, ich kann die Situation nicht auflösen, keine Diskussion anfangen, ich verstehe die Regeln hier nicht. Ich nutze diese Ausrede, um tatenlos zuzusehen, und ärgere mich über meine fehlende Courage. Als wir das Camp endlich erreichen, wird gerade ein Träger runtergebracht, ihm gehe es nicht gut. Ich gebe den anderen Trägern, die auf einem großen Felsen in den letzten Sonnenstrahlen sitzen, um sich aufzuwärmen, Paracetamol und einen Teil der Tabletten gegen Höhenkrankheit, die ich präventiv mitgenommen habe. Es ist mir jetzt egal, was die Guides dazu sagen.

Das war vor wenigen Stunden. Während ich in meinem Etagenbett liege, frage ich mich, wo eigentlich die Guides und Träger schlafen. Ich weiß es nicht. Die letzten Kopflampen und die Musik werden ausgeschaltet. Mein Puls ist zu hoch, leichte Kopfschmerzen drücken gegen meine Stirn, ich kann nicht schlafen. Keiner kann das auf 4700 Metern. Zu kurz ist der Zeitraum, in dem der menschliche Körper auf den Berg gehievt wird, das wusste ich vorher. Die Höhenkrankheit trifft hier beinahe jeden. Ich habe bereits erste schwache Symptome, nichts Ungewöhnliches. Obwohl ich hoffe, ein Scheitern verkraften zu können, hat mich mein *Hakuna matata* verlassen. Ich stelle mir die Verzweiflung vor, die ich aushalten muss, bevor ich mich für einen vorzeitigen Abstieg entscheide. Und schaffe ich es überhaupt noch hinunter, wenn ich bereits so erschöpft bin, dass ich aufgeben will? In den Gemeinschaftshütten der vergangenen Abende begegnete ich einigen, die umgekehrt waren. Man merkt ihnen an, dass sie sich fortwährend mit dem Augenblick der Entscheidung beschäftigen, sich rechtfertigen, Erklärungen suchen. Sie haben noch keinen Frieden damit gemacht.

Die Zeit verstreicht langsam, der Schneesturm ist wütender geworden, er rauscht um unser Camp. Endlich geht die erste Kopflampe an. Mathias steht auf, es ist so weit. Mitternacht. Wir füllen unser Trinkwasser in Thermoskannen, damit es nicht gefriert. Schuhe werden gebunden, die Ausrüstung überprüft. Dickson, James, Mathias und ich machen uns zu viert auf den Weg, die letzte Etappe. Eisiger Wind schlägt mir entgegen, als ich die Tür der Kibo-Hütte öffne. Der Schein meiner Kopflampe zeichnet eine kleine Kugel in den Schneesturm. Eisflocken schlagen in mein Gesicht, trotz der Sturmhaube habe ich Schmerzen. Bereits nach wenigen Metern kann ich nichts mehr erkennen, jeder Orientierungsversuch ist aussichtslos. Die schweren Stiefel meines Vordermannes werden für einige Stunden alles sein, was ich sehe. Schnell endet der Pfad, der harte Anstieg beginnt, in Serpentinen gehen wir Schritt für Schritt, ganz langsam, immer höher. Vulkangestein unter mir, es rutscht, der Tritt ist nicht fest. Ich muss ständig anhalten und trinken, mir ist warm und kalt zugleich. Die Anstrengung verlangt mir alle Kräfte ab, zu den Kopfschmerzen kommt Übelkeit hinzu. Sie wird so quälend, dass ich mit jedem Schritt, jedem Atemzug, jedem Wasserschluck daran denken muss, mich endlich zu übergeben. Hoch über mir sehe ich den Kraterrand, schwarz schimmert er durch den Schneesturm hindurch. Gedanken werden flatterhaft, zusammenhanglos, die Konzentration ist verbraucht, der Sauerstoff, der hier oben noch existiert, wird von meinen Beinen beansprucht. Die Situation ist plötzlich surreal. Ich bewege mich auf einem fremden Kontinent, in einem fremden Land, auf einen Berg. Warum? Ich bin gefangen in einer Zeitschleife, ich bin dazu verdammt, diesem düsteren Kraterrand entgegenzuwandern, aufzusteigen, ohne wirklich von der Stelle zu kommen. Trotz meiner Schritte, meinem Versuch, nach oben zu gelangen, bleibt die Distanz gleich, ich bin ein Hamster in einem Rad, vielleicht ein Truman in einer Show, und die Welt schaut zu.

Die Pausen, die wir aufgrund meiner Schwäche einlegen müssen, dauern nur wenige Sekunden, viel zu kalt ist es hier oben. Ich kann meine Füße nicht mehr spüren, meine Schuhe sind minimal zu eng, das weiß ich jetzt. Meine Oberschenkel zittern, die Wanderstöcke halten meine wackeligen Beine auf den vereisten Felsen fest. Ich wanke hin und her, es ist reiner Zufall, dass ich nicht falle, den Hang hinunterrutsche und auf die scharfkantigen Steine stürze. Die Abstände zwischen den Trinkpausen werden immer kürzer, Dickson macht sich Sorgen, ich brauche eine mehrminütige Pause.

Als mir kein Eis mehr ins Gesicht weht, sehe ich, dass Dickson seinen Rucksack abgesetzt hat. Wir stehen unter einem Felsvorsprung, der Hans-Meyer-Höhle, sagt Dickson, auf etwa 5200 Höhenmetern. Hans-Meyer-Höhle? Eine Höhle, benannt nach einem Kolonialpolitiker und sogenanntem Afrikaforscher, der der Meyers-Konversations-Lexikon-Dynastie entsprang und von sich selbst behauptete, er habe den Kilimandscharo am 6. Oktober 1889 als Erster bestiegen, der möglicherweise die Hilfe von Einheimischen unterschlug, die längst vor ihm auf dem Gipfel gewesen waren, der in großspuriger Manier eine deutsche Flagge in den Kibo rammte, den Kilimandscharo zum höchsten Berg Deutschlands erklärte und einen Stein von seiner Spitze stahl, um ihn dem deutschen Kaiser Wilhelm stellvertretend für die Inbesitznahme des Berges zu überreichen – ein großes, politisches Symbol. Als nach dem Ersten Weltkrieg die deutschen Kolonien unter den Siegermächten aufgeteilt werden, schreibt Meyer: »Es ist daher zu verstehen, dass ich, wie die Mehrzahl meiner einstigen Arbeitskameraden, den Raub unserer Kolonie als die Vernichtung des besten Stückes meiner Lebensarbeit empfinde.« Meyer ist überzeugt vom kolonialen System, sieht sich selbst als Herrenmenschen. Deutschland soll Weltmacht bleiben, das geht nur mit Kolonien, so

Meyer. 1928 wird ihm die Ehrenplakette der Deutschen Kolonialgesellschaft für seine Verdienste verliehen. Und die Familie, aus der dieser Mann stammt, hat Macht über die Vermittlung von Wissen, verteilt es in der Gesellschaft. Sie bestimmt im Meyerschen Konversations-Lexikon, was Fakt ist, was objektiv ist, was wichtig ist.

Dickson reicht mir einen Tee, die warme Flüssigkeit ist beinahe schmerzhaft, als sie in meinem Magen ankommt. Ich überlege kurz, ob ich meine gefrorenen Füße anspreche, und entscheide, dass ein abgestorbener Zeh höchstens ein ästhetisches Problem ist. Erst später werde ich sehen, dass diese Sorge völlig grundlos war.

Ich existiere nur noch, ich habe keine Zeit, über die Geschichte des Kibo nachzudenken, ich muss meine Kräfte sammeln, um mich von dem Stein zu erheben, auf dem ich sitze. Als wir uns zähflüssig weiter den Berg hinaufwinden, spüre ich, dass ich ein Statement setzen will. Endlich! Hans Meyer, was für ein Allerweltsname! Ich halte kurz an, schaue in Richtung der Höhle zurück, die hinter einem allmählich lichter werdenden weißen Vorhang im Nichts verschwindet, und kotze genüsslich in einem Schwall in den Schnee. Mathias kommt zu mir herüber, er will wissen, ob ich zum Camp zurückkehren möchte. Und ich, beschwingt von der genommenen Last, wische die Spuckefäden beiseite und sage laut, damit alle mich hören: »I'm fine!« (Das ist natürlich gelogen, mir geht's miserabel, und natürlich habe ich mir nicht ausgesucht, wo ich mich übergeben musste. Aber es passte sehr gut!)

Langsam, ganz langsam flaut der Schneesturm ab, der Mond leuchtet, die Nacht wird ruhiger, klarer, der Weg noch steiler. Die Felsen sind mittlerweile so vereist, dass ich große Angst habe zu fallen. Ich wundere mich, dass nicht mehr Menschen durch Stürze sterben. Es heißt, dass jedes Jahr etwa zehn Touristen ihr Leben am Berg lassen, unter den Einheimischen sind es etwa dreimal so viele. Meist ist die Höhenkrankheit verantwortlich.

Dickson hat mir mein Wasser weggenommen, er meint, mein Bauch müsse sich beruhigen, und er hat recht. Der Kraterrand rückt nun doch näher, meine Gedanken sind in einem schwarzen Loch, abgeschaltet und verstaut. Wir halten an, ich blicke hinter mich und sehe einen rotschimmernden Streifen am Horizont. Ich begreife plötzlich, dass diese Nacht tatsächlich enden wird, dass das Zeitvakuum mich wieder ausgespuckt hat. Der Lichtkegel, der die Sonne ankündigt, steigt empor, erhellt diesen jungen Morgen. Gefühle des Glücks bahnen sich an, lassen mich stärker und sicherer werden, die Übelkeit hat sich auf einem erträglichen Level eingependelt, und ich weiß, in diesem Augenblick, dass ich es schaffen kann.

TAG 5. Der Gipfeltag als persönliches Erlebnis.

Das ewige Eis des Kilimandscharo-Kraters, das ganz allmählich seine Ewigkeit verliert, wird gerade in rosarotes Licht getaucht, als wir den Gilman's Point erreichen. James wirft die Arme in die Luft und jubelt. Seine Freude bringt mich zum Lächeln, mein Atem geht schwer, die Luft schmeckt nach Champagner, die Wolken überziehen weit unter uns das

Land, das sechs Monate nach diesem Erlebnis für ein Jahr mein Zuhause werden soll. Nur die Spitze des Mawenzi sticht aus der Wolkendecke heraus.

Jetzt stapfen wir durch dichten Schnee weiter zum Uhuru Peak, dem Gipfel der Freiheit, der höchsten Erhebung Afrikas auf 5895 Metern. Ich habe neue Kraft geschöpft. Der Krater des Vulkans beeindruckt mich, ich habe eine kindliche Vorstellung von Bergspitzen und konnte mir daher nicht vorstellen, dass hier oben eine solch riesige Fläche existiert. Wir bahnen uns einen Weg am Kraterrand entlang, der Vulkan ruht seit Jahrhunderten. Der Schnee ist stellenweise so hoch, dass wir uns stückchenweise vortasten, einsinken, uns vorsichtig an Felsen vorbeischieben, abwechselnd in ihrem Schatten frieren, um daraufhin in die wärmenden Strahlen der Sonne einzutauchen. Dann wird der Grat immer breiter, der Tritt im Schnee fester. Über mir nur noch Universum, gänzlich indigoblau. Ich glaube fast, dass nicht nur die Wolken, sondern eigentlich auch der Himmel unter mir liegen, die Erhabenheit der Welt rauscht durch mich hindurch. In der Ferne sehe ich, dass Mathias stehen geblieben ist. Ich schließe langsam zu ihm auf, Schritt für Schritt. »Warum gehst du nicht weiter«, will ich wissen. »Weil wir gleich am Gipfel sind«, sagt er, »und weil wir den Anstieg zusammen bewältigt haben, wollte ich auf dich warten, damit wir auch zusammen ankommen.« Diese Solidarität rührt mich. Wir gehen Arm in Arm die letzten Schritte und ich bin erleichtert, als wir tatsächlich den Gipfel erreichen.

Mich überwältigt keine plötzliche Euphorie. Das bisschen Glücksgefühl, das ich in meinem abgeschlagenen Zustand erübrigen kann, ist an diesem Tag bereits seit dem Gilman's Point Teil meines Empfindens. Dieser Moment, in dem ich den Kibo-Gipfel erreiche, ist lediglich das offizielle Erfolgserlebnis, das ich für mich und meinen Stolz brauche.

TAG 5. Der Gipfeltag als kolonialer Akt.

Wirklich interessant wäre es gewesen, wenn ich an dem Punkt, an dem Mathias auf mich wartete, kurz vor dem Gipfel also, umgekehrt wäre. Wenn mir die Landschaft, dieses unfassbare Szenario, das mich seit Sonnenaufgang begleitete, genügt und ich aus freien Stücken auf das Gipfelfoto vor dem hölzernen Schild verzichtet hätte. Wenn ich mich weder für das Scheitern noch für den Erfolg entschieden hätte, sondern für etwas dazwischen. Das Erreichen des Gipfels erlaubt mir nur in großspuriger Manier zu sagen: Ich habe es geschafft! Zum Beweis ein Foto, statt Flagge.

Hans Meyer bleibt am Berg, ungewollt. Auch ich habe nicht darauf geachtet, ob die Träger vernünftig ausgerüstet sind. Ich habe damit in Kauf genommen, dass ein Mensch womöglich sein Leben verwirkt. Es wäre ebenfalls meine Aufgabe als verantwortungsvolle Kundin gewesen, sicherzustellen, dass die Menschen, deren Dienste ich in Anspruch nehme, einen akzeptablen Lohn dafür bekommen. Unten im Tal warten sie auf ihr Trinkgeld, das ich Dickson geben werde. Ich bereue es, dass ich es nicht jedem einzeln überreiche.

Während des Abstiegs fragt mich Dickson, ob ich seine Frau werden will. In Tansania sehe er keine Zukunft, ein Leben in Deutschland, das wäre doch schön! Mathias weicht mir nicht mehr von der Seite. Obwohl Dickson auf mich geachtet hat und eine große Hilfe für den Aufstieg war, bin ich froh, wenn ich ihn nicht mehr sehen muss.

Unten in Moshi ist mein *Hakuna Matata* zurück. Die zwei Engländer und der Ire, die mit anderen Guides ebenfalls erfolgreich den Gipfel erreicht haben, Mathias und ich feiern unsere Besteigung in einem lokalen Pub. Wir stoßen mit *Kilimanjaro Premium Lager* an. Wir scherzen über die Übelkeit, die Qualen jener Nacht, über das Kotzen und Hinsiechen. An diesem Abend denke ich, dass ich alles erreichen, alles meistern kann, egal ob physisch oder psychisch. Wir glorifizieren den Moment des Gipfelsturms. Ganz allmählich gewinnt dieser kleine Moment, den ich als nicht so berauschend erlebte, wie es in den Erzählungen anklingt, an Macht.

IN DIE DROGENCAMPS VON DARESSALAM

Tansania
Daressalam

Mama Mabena, eine ältere Dame mit einem warmen Lachen und kräftigen Händen, lud Bea und mich in ihr Büro ein und zeigte auf zwei Stühle vor ihrem Schreibtisch. Der Strom war gerade wiedergekommen, der Deckenventilator knatterte und Ameisen trugen winzige Zuckerkristalle aus einer Dose, die für den frisch gekochten Tee bereitstand. Drückend heiß war es im September 2010. Da waren wir, zwei junge Erwachsene, die gespannt darauf waren, was dieses Jahr in Tansania mit sich bringen würde. »Karibu sana«, sagte Mama Mabena und klatschte dabei in die Hände. Herzlich willkommen! Und keiner hätte diese Worte an unserem neuen Arbeitsplatz ehrlicher zum Ausdruck bringen können als sie. Alles, was wir im Vorfeld über unsere NGO, die Kimara Peer Educators, wussten, war, dass sie sich der HIV-Prävention verschrieben hatte. Mama Mabena klärte uns über die Dimensionen auf: Es gab Spielegruppen mit Kindern und diverse Aufklärungsveranstaltungen für Jugendliche, Prostituierte, von HIV betroffene Familien. Es gab Hausbesuche bei Infizierten, denen Lebensmittel vorbeigebracht wurden und um die man sich seelsorgerisch kümmerte. Ein Wohnwagen fuhr durch die Stadt, in dem Menschen sich kostenfrei testen lassen oder eine allgemeine Beratung in Anspruch nehmen konnten. Neu war das *Druguser Program*, in dem verschiedene Teams in sogenannte Drogencamps der Stadt

Daressalam fuhren, um die Menschen dort nicht nur aufzuklären, sondern ihnen eine in den USA entwickelte Technik zu zeigen, mit der sich verunreinigte Spritzen säubern lassen. Für die schätzungsweise 150.000 drogenabhängigen Menschen in Daressalam war das Teilen der Spritzen eines der Hauptprobleme.

Im Laufe des vor uns liegenden Jahres würden wir alle Bereiche anschauen, mithelfen, wann immer es möglich war, und nach einigen Monaten schließlich ein eigenes Näh-Projekt gründen, das bereits von früheren Freiwilligen angedacht worden war. Ein Schneider brachte jungen Frauen das Nähen mit lokalen Stoffen bei, die Kleider konnten sie schließlich in Geschäften oder auf dem Markt verkaufen, wir übernahmen die Verwaltung und Organisation.

Die Erfahrungen, die wir in der NGO sammelten, bewegten uns sehr. Immer wieder resümierten wir in der Nacht den vorangegangenen Tag. Redeten ohne Unterlass. Denn die Dinge, die wir beobachteten und erlebten, wollten wir unbedingt begreifen.

Am 12. Oktober, meinem 23. Geburtstag, betrete ich das erste Mal in meinem Leben einen Ort, der als Drogencamp bezeichnet wird. Es ist ein heißer, wolkenloser Tag, der Staub sammelt sich unauffällig auf verschwitzter Haut. Ich sitze mit Bea und jungen Tansanern, unseren neuen Kollegen, in einem Auto, das uns tief ins Gewusel Daressalams fährt. An uns kleben beigefarbene Shirts, während uns warme Fahrtluft ins Gesicht weht. Es ist das erste Mal, dass wir Arbeitskleidung tragen, das erste Mal, dass Arbeitskleidung wichtig ist. Am

Ort der größten Trostlosigkeit, der größten Ungerechtigkeit vermitteln diese Shirts Uniformität unter uns NGO-Mitarbeitern. Wir sind alle gleich, sollen sie sagen und mit dieser Gleichheit uns ebenso Schutz gewähren.

»Gestern war ich im Camp, wir haben den Anführer gefragt, ob wir euch Wazungu mitbringen dürfen«, erzählte Ernest am Tag zuvor heiter, als er uns die Shirts in die Hand drückte. Es war ihm wichtig gewesen, uns noch einmal darauf hinzuweisen, dass wir besser keine Accessoires am Körper tragen sollten. »Warum musst du fragen, ob du uns mitbringen darfst?«, wollte ich wissen. »Naja, ihr seid Wazungu, nicht alle mögen euch. Manchmal gibt es Menschen dort in den Camps, die euch Weißen die Schuld für ihr schlechtes Leben geben. Und wenn sie dann auch noch Drogen konsumieren, sind sie nicht bei klarem Verstand und können ausfällig werden.« Ich fragte nicht weiter. Die Antwort war plausibel und in ihr steckte eine historische Schuld, die vielleicht nicht mir persönlich galt, aber aus jahrhundertelanger Ausbeutung resultierte.

Unser Auto hält an einer Tankstelle, wir steigen aus. Die Kollegen lachen und scherzen, die Auseinandersetzung mit HIV-infizierten Drogensüchtigen ist für sie kein Grund, an diesem Oktobertag trübsinnig zu sein. In mir hingegen hat sich eine diffuse Angst festgesetzt. »Wir gehen jetzt zu Fuß ins Camp«, sagt Gideon unerwartet, während neben uns ein Auto an die Zapfsäule fährt, zwei spielende Kinder auf der Rückbank. Ich blicke mich um: Hupende Autos, Motorräder, Tuktuks, die hier Bajajis heißen, Verkäuferinnen mit

Elektroartikeln, Wasserflaschen, frittierten Leckereien, das Chaos einer Großstadt. An diesem Ort war ich schon häufig, wir befinden uns in der Nähe des Busbahnhofs Ubungo. Unsere Gruppe setzt sich in Bewegung, Bea und ich mittendrin. Hinter der Tankstelle steht eine graue, bröckelige Mauer, sie trennt die Welten, die Drogensüchtigen von den Gesunden. Wir steuern direkt auf sie zu, verschwinden in einem Loch in der Mauer. Als ich nun an mir herunterblicke, bin ich froh, dass ich meine Füße trotz der Hitze in feste Schuhe gezwängt habe. Denn zwischen dem Dreck knirscht es. Ich trete auf weggeworfene, abgebrochene Nadeln. Sie zeigen uns, dass wir angekommen sind. Nackte Hauswände ragen neben uns aus dem Boden, die Öffnungen haben oft keine richtigen Türen. Frauen mit müden Augen schauen vorsichtig heraus, ein kleines Kind klammert sich am Bein der Mutter fest. »Hier leben Frauen, Männer, Kinder in den Häusern, die Frauen sind oft Prostituierte, es ist nicht immer ganz klar, wer zu wem gehört«, sagt Gideon. »Warum sagt man zu diesen Orten Drogencamps?«, will ich wissen. »Weil die Leute hier zusammenleben, sich zusammenrotten, um sich gegenseitig zu beschützen.« – »Beschützen? Warum denn beschützen?«, fragt Bea. »Weil sie klauen müssen, um ihre Drogen zu finanzieren«, antwortet Ernest leise.

Diebstahl ist in Tansania geächteter, als ich es mir jemals hätte vorstellen können. Ich erinnere mich an ein vor wenigen Tagen geführtes Gespräch mit Julieth, die im Laufe meines Aufenthaltes zu einer wichtigen Freundin wird. Abends sitzen wir häufig gemeinsam in der Küche, in dem Haus in

Kimara, wo auch sie zur Untermiete mit ihrer kleinen Tochter und ihrem Ehemann wohnt. Ich erzählte ihr von dem Menschenandrang, den Bea und ich sahen, als wir am Morgen zum Büro unserer NGO gingen. Die Masse war aufgebracht, ein Passant auf der Straße riet uns, nicht näher heranzugehen, denn der Mob bestrafe einen Dieb. Wir sahen noch, wie sie einen Mann in einen Reifen steckten, damit er sich nicht mehr bewegen konnte. Sie nahmen ihn mit, hinein in eine namenlose Gegend abseits des Weges, wo nur noch ein paar Hütten standen, viel Schutt und Asche lag. »Sie werden ihn anzünden«, sagte der Mann zu uns, als er auch schon schulterzuckend weiterging und einen großen Bogen um die Menschenansammlung machte. Ich erwartete, dass Julieth aufgebracht sein würde über Menschen, die das Leben eines anderen so brutal beendeten. Doch sie sagte: »Wir leben in einer Gesellschaft, in der keiner viel besitzt. Wenn du jemandem etwas wegnimmst, dann kann dieses Etwas schon darüber entscheiden, wie seine Zukunft aussieht. Ob der Verlust des verlorenen Gegenstandes seine Existenz zerstört oder nicht.« Zu diesem Zeitpunkt konnte ich mir nicht recht ausmalen, dass eine Kleinigkeit eine solch große Auswirkung haben könnte. Doch in wenigen Monaten werde ich ins Büro kommen und *pole sana*, es tut mir leid, zu meiner Arbeitskollegin Teddy sagen müssen. Während ich sie umarme, wird sie mir weinend erzählen, dass ihre Tochter an Malaria gestorben ist, weil sie kein Geld hatte, um die Medikamente zu bezahlen. Und ich werde weinen, weil ich denke, dass Bea und ich ihr das Geld gegeben hätten, hätten wir davon gewusst. Etwa 30 Euro, das wird der Betrag sein, der Teddy fehlte. Etwa 30 Euro werden darüber entscheiden, ob ein Kind sterben muss.

Julieth erklärte weiter, dass die Polizisten nichts unternehmen, die Regierung korrupt sei, der Dieb wieder auf die Straße gesetzt werde und weiterklaue. Das Vertrauen in ein Rechtssystem, wie ich es kenne, ist hier ein Vertrauen in die Entscheidung der Menschenmasse, die das Recht selbst in die Hand nimmt. Während des Gesprächs mit Julieth fiel mir der Abend wieder ein, als Bea und ich mit einem Daladala, einem öffentlichen Minibus, nach Kimara fahren wollten. Wir liefen einige Meter an der dunklen Straße entlang, als plötzlich mehrere Menschen auf uns zukamen und uns in ein Taxi drängten, das vor uns angehalten hatte. Noch bevor wir Angst bekommen konnten, erklärte uns der Fahrer, dass die Unbekannten ein Gespräch von Männern mitbekommen hatten, die uns überfallen wollten. Der Taxifahrer fuhr um ein paar Ecken und setzte uns an einer beleuchteten und belebten Straße ab. Die Masse hatte uns hier vor einem Unglück bewahrt, uns beschützt. Die Menschen geben aufeinander acht und mischen sich ein.

Doch ist das auch der Grund, warum die Drogenabhängigen in diesem kleinen Viertel im Schutz ihresgleichen leben und konsumieren. Die Gesellschaft duldet sie aufgrund ihrer Beschaffungskriminalität nicht. Also schleichen sie durch das Loch in der Mauer, hoffen darauf, unbemerkt zu bleiben, wenn sie an Geld und Drogen gelangen müssen.

»Es gibt viele solcher Orte in Daressalam«, sagt Ernest, bevor er einen Mann grüßt, der uns entgegenkommt. Der

Anführer, das Sprachrohr des Camps, bringt uns in einen kleinen Innenhof, in dem wir uns in einen Kreis setzen, und lächelt uns an. Sein Gesicht ist aufgedunsen, seine Haut mit Ekzemen besetzt, um sein Handgelenk trägt er eine dreckige Mullbinde, Zähne fehlen. Nach und nach erscheinen weitere Menschen, die hier wohnen. Sie nicken uns zu, manche blicken mich freundlich an, manche wirken abwesend. Ich schaue nach oben, der Himmel ist noch da. Bereits diese erste, zaghafte Begegnung lässt mich entspannen, die abstrakte Angst vor einer Gefahr, die von diesen Menschen ausgehen könnte, verschwindet.

Am Rande sehe ich zwei kleine Kinder, die zwischen den Hauswänden hin und her laufen, barfuß. Gideon erklärt den Grund unseres Kommens. Ernest sitzt neben Bea und mir, er übersetzt uns das Gespräch, das in der tansanischen Amtssprache Kisuaheli geführt wird, ins Englische. »Wollt ihr unsere Hilfe?«, fragt Gideon. Der Anführer bejaht, die Menschen an diesem Ort würden alles dafür geben, von den Drogen wegzukommen, aber ein Entzug sei ohne Unterstützung unmöglich. »Wie fühlt ihr euch, wenn ihr Heroin spritzt?«, will jetzt unser Kollege Rashidi wissen. Noch bevor Ernest übersetzen kann, lachen alle Anwesenden über das, was der Anführer berichtet. Bea und ich schauen uns fragend an, die Stimmung ist seltsam gelöst. »Er sagt, sie fühlen sich mit dem Heroin in ihren Adern so stark, als könnten sie Bäume ausreißen. Stellt euch das mal vor!«, erzählt Ernest aufgedreht und tippt sich mit dem Finger gegen die Stirn, um die Lächerlichkeit der Aussage zu unterstützen. Mir erscheint das Lachen unserer Kollegen unsensibel. Auf mich wirkt es so, als missbrauchten sie das Vertrauen, das ihnen entgegengebracht wird. Doch ich liege falsch. Die Drogenabhängigen lachen ebenfalls, die Kommunikation funktioniert an diesem Ort, in diesem Land anders, und ich erkenne, dass ich mit meinen Interpretationen vorsichtig sein muss. Die Leichtigkeit, mit der die Wörter getauscht werden, versetzt mir einen Schlag, macht mich plötzlich traurig. Ich spüre, dass die Menschen in diesem Kreis nicht nur Hilfe benötigen, sondern eindringlich darum bitten. Die Drogensüchtigen, die vorher nur eine abstrakte Vorstellung in meinem Denken waren, haben jetzt ein Gesicht, eine Stimme, eine Geschichte bekommen. Mit ihrer Offenheit habe ich nicht gerechnet. Ich beobachte, wie meine Kollegen mit diesen Menschen umgehen, wie sie ihnen Wissen vermitteln, sie aufklären und erkenne trotz ihres Lachens eine große Empathie und Anteilnahme.

Gideon erzählt von dem neuen Programm der Kimara Peer Educators, er erklärt den Menschen jetzt, wie sich HIV ausbreitet, warum Verhütung wichtig ist und wo die Menschen kostenfreie Kondome erhalten. Er nimmt eine Spritze in die Hand, hält sie hoch, spricht eindringlich weiter. »Wenn ihr euch die Spritzen teilt, dann steckt ihr euch gegenseitig mit HIV an. Daher ist es sehr wichtig, dass ihr die Spritzen reinigt, nachdem ihr sie benutzt habt.« Worte, die in Deutschland, vielleicht Europa, niemals ausgesprochen werden würden. Spritzen werden entsorgt, nicht gesäubert. Doch hier gibt es diesen Luxus nicht. Eine Studie aus Texas hat ergeben, dass gebrauchte Spritzen mit einem bestimmten einfachen

Verfahren fast vollständig vom HI-Virus befreit werden können. Dabei dienen Wasser und ein handelsübliches Bleichmittel namens Jik als Reinigungslösungen. Das ist allerhand an einem Ort, wo es an allem mangelt, was ein Mensch zum Leben braucht. Als sich der Kreis plötzlich auflöst, blicke ich Ernest fragend an. »Sie holen ihre Spritzen«, sagt er, »gleich beginnt die Einweisung.« Als sich alle wieder im Kreis versammelt haben, fährt Gideon fort. Eine kleine Ameisenstraße läuft über den Boden. Alles, was ich atmen kann, ist stickige, heiße Luft zwischen Häuserwänden. Gideon hält die Spritze in Wasser und zieht sie auf, schüttelt sie und wiederholt den Vorgang drei Mal. Der Unterricht hat begonnen. Und dann, seltsam fröhlich, ertönt eine Männerstimme, melodisch und klar, die anderen steigen jetzt mit ein, sie singen ein Lied! Traurig tönt der Chor nun durch die Gänge des Barackenviertels hinter der Mauer. Es fällt mir schwer, die Fassung zu bewahren.

Tanzania Tanzania (Tansania, Tansania)
Nakupenda kwa moyo wote
(Ich liebe dich von ganzem Herzen)
Nchi yangu Tanzania (Meine Heimat Tansania)
Jina lako ni tamu sana (Dein Name ist so süß)
Nilalapo nakuota wewe
(Wenn ich schlafe, träume ich von dir)
Niamkapo ni heri mama wee
(Wenn ich aufwache, bin ich im Frieden)
Tanzania Tanzania (Tansania, Tansania)

Nakupenda kwa moyo wote.
(Ich liebe dich von ganzem Herzen.)

»Das ist ein Volkslied, jeder kennt es hier«, sagt Ernest leise. »Warum singen sie es?« – »Weil sie keine Uhren haben. Für die Dauer des Liedes müssen sie die Spritzen reinigen, das kann sich jeder gut merken.«

Kleinkinder kommen neugierig hinzu, angezogen von der Melodie, die ihnen ein Lächeln aufs Gesicht zaubert. Doch alles, was sie sehen, ist eine Gruppe von Menschen, die im Kreis sitzen, Spritzen in der Hand halten und sie in eine Flüssigkeit tauchen, damit herumhantieren. Eines der Kinder hebt eine Spritze auf. Während ich die Situation mit einem Schauern betrachte, kommt ein Mann auf mich zu. Er ist jung und alt gleichermaßen, sein Körper verbraucht, sein Gesicht wach und weich. Er setzt sich neben mich. »Bringt ihr Medizin zu uns?«, will er plötzlich wissen. Ernest hilft bei der Kommunikation. »Nein, es tut mir leid, das tun wir nicht«, antworte ich kopfschüttelnd. »Er möchte dir etwas zeigen«, sagt Ernest, und der Mann rutscht ein Stückchen näher an mich heran, streckt mir seinen Arm entgegen und streift ein dreckiges Stück Stoff ab. Darunter kommt rohes Fleisch zum Vorschein. Kleine Würmer tummeln sich in der faulenden Wunde, die den Verfall an diesem Ort nicht eindringlicher zeigen könnte. Ein Stück des Knochens blitzt weißlich hervor, die Wunde kann sich nicht schließen. Die Drogen, das Klima, die Umstände verhindern es. »Ich will das nicht mehr«, sagt der Mann traurig. Kein Mensch kann das wollen.

Ich berühre vorsichtig seine Schulter, anders kann ich meine Anteilnahme, meine Hilflosigkeit nicht ausdrücken. Ich frage mich, was Ernest denkt, ob er nicht weiß, dass Bea und ich keine Ahnung, keine Ausbildung, kein medizinisches, praktisches Wissen haben, das man tatsächlich anwenden könnte. »Weißt du, die Menschen hier sehen euch Wazungu und denken, ihr hättet vielleicht eine Medizin, ein Wundermittel für sie«, sagt Ernest zögernd, so als sei auch er sich nicht ganz sicher, ob es nicht vielleicht doch zuträfe. Ich stocke, kann nicht antworten, mich trifft dieses Denken unvorbereitet.

Gerade als der Mann seinen dreckigen Stofflappen nimmt und ihn wieder über die Wunde legt, die durch unzählige Injektionen entstanden ist, kommt ein Junge angerannt, vielleicht vier Jahre alt. Er schreit fröhlich »Baba, baba!« und springt auf seinen Schoß. Der Mann lacht glücklich auf, er küsst seinen Sohn auf die Wange, streicht ihm durchs Haar. Er ist nicht nur ein Drogensüchtiger oder ein Dieb, sondern vor allem ein Vater. Meine Augen brennen, ich blinzele ins Licht. Erst hier wird mir meine Voreingenommenheit wirklich bewusst, da ich sehe, dass diese Menschen einen Alltag, eine Identität mit vielen Facetten haben. Doch es hilft ihnen nicht, die Sucht bestimmt ihr Leben und drängt sie schließlich in den Tod. Manchmal kommt er als goldener Schuss, manchmal als Mob, der sie beim Stehlen erwischt.

Als wir an diesem Nachmittag wieder heimkehren, glaube ich nicht, dass ein Ort noch düsterer, noch trauriger sein kann. Die Ereignisse dieses Tages lähmen mich. Doch nur eine

Woche später nähern wir uns zu Fuß einem anderen Drogencamp. Die Luft schmeckt würzig, eine graue Rauchsäule steigt im Hinterland empor. Obwohl wir wieder mitten in der Stadt sind, ist diese Gegend seltsam vereinsamt. Wir gehen auf einem der Sandwege, die Daressalam durchziehen. In der Ferne sehe ich ein Hochhaus, dazwischen viel Grün. Nicht nur Steinhäuser, auch Baracken fehlen am Wegesrand. Die Menschen sind an der Hauptstraße zurückgeblieben. Unsere beigefarbenen Shirts fügen sich ins triste Bild ein. Meine Kollegen sind heute angestrengt, Unterhaltungen bleiben aus, die Luft ist schwül in den letzten Wochen dieses Jahres. Wir betreten ein großes Gelände, Müllberge räkeln sich dem Himmel entgegen, ein Feuer lodert, Gestalten verschwinden im Rauch. Zwischen den Müllbergen sind kleine matschige Pfade, die von Füßen geebnet wurden. »Wo sind wir hier?«, frage ich leise und nehme den unverkennbaren Geruch von verwesendem Fleisch und faulem Obst wahr. »Auf einer Müllhalde, hier wird der Abfall entsorgt«, sagt Gideon. Es muss der Abfall größerer Hotels oder Restaurants sein, denn Müllverbrennung findet normalerweise überall statt. Abend für Abend sehen Bea und ich die kleinen Feuer am Straßenrand, die die Gehwege wie Laternen beleuchten und für diesen Geruch sorgen, der mich für immer an Daressalam erinnern wird. »Hier leben nur Männer, sie werden geduldet, weil sie den Müll sortieren und verbrennen«, fügt Gideon hinzu, während wir auf einem der kleinen stinkenden Pfade entlanggehen. Unsere Arbeitskollegen umgeben uns unauffällig, als Männer zwischen dem Müll erscheinen. Einer tritt hervor und begrüßt Gideon ernst.

»Kommt mit«, sagt er jetzt und führt uns zu einem Verschlag, der aus dreckigen Tüchern, Wellblechplatten und Plastikteilen errichtet wurde. Die Menschen nehmen den Abfall, den sie hier finden, um sich eine Behausung zu bauen. Er deutet auf Bea und mich und fordert uns auf, auf zwei alten Autoreifen Platz zu nehmen. Unsere Kollegen stehen um uns herum, als wollten sie uns beschützen. Unser Gastgeber sitzt auf einem geflickten Plastikstuhl, uns gegenüber. Neben ihm stehen ein paar der Männer, die eben noch den Müll durchforsteten. Ich sehe in ihren Augen Hilflosigkeit, Perspektivlosigkeit. Sie leben als Menschen im Müll. Die Gesellschaft hat entschieden, sie als Menschenmüll hier zurückzulassen. Erst in einigen Wochen, zu Beginn des Jahres 2011, wird ein Regierungsprojekt entstehen, in dem das Nationalkrankenhaus Muhimbili in Daressalam ein Methadonprogramm startet, um Drogenabhängigen einen Entzug zu finanzieren. Für die Männer hier ist es zu spät.

Während Gideon nun unsere Arbeit erklärt und anbietet, ihnen zu zeigen, wie man Spritzen reinigt, löst sich einer der Männer aus der Gruppe und hockt sich hin, um sich einen Schuss zu setzen. Erleichtert entspannt sich sein Gesicht, als sich das Heroin mit seinem Blut vermischt. Der Anführer hört Gideon aufmerksam zu, fragt nach, will genau wissen, wie unsere Kollegen helfen können. Stumm hocken Bea und ich unterdessen auf den Reifen, verstehen den Großteil des Gesprochenen nicht, interpretieren Gestik und Mimik. Alles, was wir jetzt wissen, ist, dass dieser Ort die Endstation ist. Hier, auf dieser Müllhalde, gibt es nur Rauch und Feuer und Gestank und dazwischen ein paar arme Wesen. Ich kann mir nicht vorstellen, dass es möglich ist, diesen Ort wieder zu verlassen.

In den nächsten Monaten werde ich die Menschen auf den Straßen Daressalams genauer betrachten, werde zwanghaft überlegen, ob sie ein Heim haben oder ob sie im Camp leben. Es gibt viele, die mich mit wirrem, trübem Blick anstarren. Bea und ich werden noch in einige Camps mitgenommen. Einer der Besuche wird spontan abgesagt, weil der Anführer kurz zuvor gestorben ist. Weil Bea und ich Weiße sind, dürfen wir jedes Camp nur ein einziges Mal besuchen. »Sicherheitsvorkehrungen«, sagt Ernest, als ich ihn nach dem Grund frage. »Aber die Menschen waren doch sehr nett zu uns«, versuche ich, ihn umzustimmen. »Das stimmt, aber wir wollen kein Risiko eingehen.«

Dann, an einem Morgen, sagt man uns, dass es vorerst keine weiteren Besuche geben wird. »Gestern gab es einen Unfall«, erzählt mir Jasila. »Einer unserer Kollegen wurde verletzt, wir gehen erst einmal nicht mehr in die Camps.« Obwohl wir noch ein paar Mal nachfragen, merken wir, dass uns keiner eine genaue Auskunft geben will. Warum das so ist, werden wir nicht erfahren.

Bea und ich sitzen in vielen Nächten auf dem betonierten Flachdach unseres Gasthauses im Stadtteil Kimara, reden und diskutieren stundenlang, bewundern unzählige Sternschnuppen und zerschlagen Moskitos. Wir streiten und lachen, riechen den Regen, verfluchen die tropische Schwüle, hören die große Freude unserer Nachbarn, wenn der Strom in der Nacht wieder eingeschaltet wird, und weinen manchmal auch. Wir versuchen, unsere Rolle als Weiße zu beschreiben, zu greifen, und vor allem hinterfragen wir den Nutzen unseres Freiwilligendienstes, immer und immer wieder. Wir erörtern Für und Wider, debattieren, diskutieren und finden kein Ende. Entwicklungsarbeit nach einer allgemeinen Definition soll weltweite Unterschiede in der sozioökonomischen Entwicklung und in den allgemeinen Lebensbedingungen dauerhaft und nachhaltig abbauen. Ein ehrenwertes Ziel. Doch Bea und ich bestreiten nur einen Freiwilligendienst, verpflichten uns für einen kurzen Zeitraum und stellen fest, dass wir lange brauchen, um uns mit den Örtlichkeiten, Lebensweisen und bereits vorhandenen Strukturen vertraut zu machen. Ein Jahr kann kurz sein. Welchen Wert hat also unser Freiwilligendienst? Im Grunde kaum einen, denken wir an manchen Tagen und zweifeln an unserer Beobachterrolle. Als Abenteuerurlaub auf Staatskosten oder als Bespaßung deutscher Abiturientinnen und Abiturienten wird der vom Bundesministerium für wirtschaftliche Zusammenarbeit und Entwicklung (BMZ) geförderte Freiwilligendienst *weltwärts*, an dem wir teilnehmen, von Kritikern beschimpft. Zwischen 2008, dem Start des Programms, und 2010, unserem Entsendejahr, förderte das BMZ das *weltwärts*-Programm mit 84 Millionen Euro. Gelder, die auch sinnvoll in Projekte der professionellen Entwicklungszusammenarbeit gesteckt werden könnten. Was genau also rechtfertigt den finanziellen Aufwand? Ich bin mir sicher, dass unsere Anwesenheit für unsere tansanische NGO kaum einen Unterschied gemacht hat. Doch es sind nicht die harten Fakten, die konkreten Projekte, die einen *weltwärts*-Freiwilligendienst ausmachen. Wir erleben einen Austausch auf Augenhöhe mit unseren Kolleginnen und Kollegen, versuchen ein kleines Näh-Projekt zu etablieren und erkennen zweifelsfrei, wie immens viel wir in dieser Zeit lernen, wie stark sich Perspektiven, unsere Sicht auf Gesellschaft, Lebensweisen, Lebensstandards, Armut und Reichtum, wandeln. Veränderungen werden in unseren Köpfen angestoßen, wir werden mit neuen Erfahrungen nach Deutschland zurückkehren, unsere Erlebnisse mit anderen teilen, uns weiterhin engagieren und gegen Fremdenhass argumentieren. Natürlich muss man für ein solches Engagement nicht zwingend einen Freiwilligendienst absolviert haben, doch ich weiß, dass ich mich erst durch dieses Jahr so entschieden mit dem Thema Rassismus auseinandergesetzt habe. Niemals zuvor waren Erfahrungen und Gefühle so intensiv, niemals zuvor habe ich mir so viele Gedanken über das Leben an sich, meines und das der Menschen, die ich kennengelernt habe, gemacht, niemals zuvor so viel philosophiert und hinterfragt.

Am Ende unseres Jahres sind Bea und ich uns einig, dass wir vor allem eines spüren: eine riesige, unbeschreibliche Dankbarkeit für all die Erlebnisse und Begegnungen.

GRENZ
GESCHICHTE

Uganda
Grenzstation nach Kenia

Erst heute Morgen saß ich noch in einem Camp in der Nähe der Quelle des weißen Nils, etwas außerhalb der Stadt Jinja, und beobachtete die Strudel, die Wasserschnellen und Strömungen, während Sturm und Regen diesen gigantischen Fluss zum Schäumen brachten. Aufgewühlter Schlamm tönte das Wasser ockerfarben, die Wolkenfront verhärtete sich am Horizont. Ein aufbrausender, schwüler, besonderer Weihnachtsmorgen in Uganda. Wenn ich die Welt beim Reisen mit einem stillen Lächeln beobachte, wenn ich plötzlich der Fülle an Möglichkeiten, die mir das Leben bietet, gewahr werde, dann frage ich mich manchmal - weil mir dieses Glück so unwahrscheinlich erscheint -, wie ich eigentlich an diesen oder jenen wundersamen Ort gelangt bin.

Genau das frage ich mich auch jetzt. Nur sitze ich gerade auf einem kippeligen Holzstuhl in einem abgeschlossenen Raum und konzentriere mich darauf, den Grenzbeamten zu ignorieren. Tote Moskitos kleben an vergilbten Wänden, draußen färbt sich das Licht orange, die einst weiße Wanduhr tickt, es ist 17:50 Uhr. Ein stiller Sturm wütet nun in diesem Zimmer. Unglücklicherweise bin ich mir nicht einmal sicher, ob ich mich derzeit in Uganda oder in Kenia aufhalte. Ich bin zwischen diese beiden Länder geraten und komme nicht weg, also sitze ich hier im Grenzgebiet, man könnte fast sagen, als Gefangene.

Es ist das erste Mal, dass ich aktiv daran gehindert werde, eine Grenze zu übertreten – diese irgendwie skurrilen Konstrukte, die sich Menschen ausdachten, um Macht zu erhalten, zu erweitern, Menschen auszuschließen, in Gruppen zu unterteilen und zu formieren, aber auch um eine gesellschaftliche Ordnung aufzubauen und damit Sicherheit zu gewährleisten.

Die Grenzen der derzeit 55 international anerkannten Länder Afrikas sind manchmal stark bewacht, manchmal verlaufen sie durch dichten Dschungel oder trockene Wüsten, und die meisten von ihnen wurden von Europäern gezogen. Im Wettlauf um Afrika, der etwa 1880 begann, annektierten europäische Länder allmählich afrikanische Gebiete und traten in einen zunehmenden Konkurrenzkampf. Leopold II. von Belgien aber überzeugte Deutschland und Frankreich, dass ein gemeinsames Handeln auf dem Kontinent wichtig sei, woraufhin Otto von Bismarck 1884 elf weitere europäische Mächte sowie die USA und das Osmanische Reich zur sogenannten Kongokonferenz einlud. Im Berliner Reichskanzlerpalais tagten die Mächte über drei Monate lang. Eine fünf Meter hohe Afrikakarte soll an einer Wand gehangen haben. Über das Schicksal eines ganzen Kontinentes bestimmten ein paar weiße Männer. Sie entwickelten die Spielregeln, nach denen der Kontinent in den kommenden Monaten und Jahren zugeschnitten werden sollte, und erschufen damit das Fundament der brutalen Kolonialisierung. Bis 1902 war Afrika zu etwa neunzig Prozent unter den europäischen Staaten aufgeteilt. Grenzen wurden mit dem Lineal gezogen, Flüsse und Gebirge, Längen- und Breitengrade sollten von nun an markieren, wo ein Staat endet und ein anderer beginnt. Dabei nahmen sie weder Rücksicht auf soziale noch auf politische oder wirtschaftliche Strukturen. Und so geschah es, dass es kaum eine von den Europäern geschaffene Grenze gab, die nicht eine Volksgruppe auseinanderriss. Bis heute prägen sie den Kontinent.

Als Reisende bekam ich von den Problemen, die aus den Grenzziehungen resultieren, bisher kaum etwas mit. Ich habe einen deutschen Pass, ein mächtiges Heftlein, das mir Eintritt gewährt in verschiedenste Kulturkreise, mir eine Identität und eine Herkunft gibt. Mein Recht auf dieses Dokument ist für mich als deutsche Staatsbürgerin eine Selbstverständlichkeit. In Kenia oder Uganda besitzen viele Menschen, besonders Angehörige der Minderheiten, noch nicht mal eine Geburtsurkunde.

Es ist seltsam, dass sich auf nur wenigen Metern das ganze Leben, öffentlich wie privat, so drastisch verändern, dass das Übertreten einer Linie Hoffnung bringen oder zerschmettern kann. Der Boden ist der gleiche. Das, was die Menschen daraus machen, etwas anderes.

Sowohl Uganda als auch Kenia waren bis zu Beginn der 1960er Jahre von den Briten besetzt. In beiden Ländern sind über achtzig Prozent der Bevölkerung Christen, gut zehn Prozent Muslime und nur ein sehr kleiner Teil Anhänger traditioneller Religionen. Englisch und Kisuaheli sind Amtssprachen, die Alphabetisierungsrate beträgt etwa 73 Prozent. Doch liegt das Pro-Kopf-Einkommen mit etwa 1563 Euro in Kenia mehr als doppelt so hoch wie in Uganda mit etwa 697 Euro. Auch die Lebenserwartung ist in Kenia im Jahr 2015 mit 66,6 Jahren deutlich höher als die Ugandas mit 58,6 Jahren. Sexuelle Selbstbestimmung gibt es in beiden Ländern nicht, Diskriminierung und gewaltsame Übergriffe sind an der Tagesordnung. Während in Kenia Homosexualität mit einem Freiheitsentzug von bis zu vierzehn Jahren bestraft werden kann, diskutiert man in Uganda immer wieder über die Todesstrafe. Derzeit können Homosexuelle dort lebenslänglich ins Gefängnis kommen. 2010, kurz vor meiner Einreise, veröffentlichte ein Magazin hundert Fotos und Adressen von schwulen Männern, darüber die Überschrift »Hängt sie«. Wenige Wochen später wurde David Kato, einer der prominentesten Schwulenaktivisten Ugandas, in seinem Haus ermordet. Die Polizei ging dem Verbrechen kaum nach.

Kenia öffnete sich ab 1992 allmählich der Demokratisierung und ließ ein Mehrparteiensystem zu. In Uganda dauerte dieser bedeutsame Schritt länger. Dort prägte zunächst der Diktator Idi Amin ab 1971 das Land mit seiner tyrannischen und menschenverachtenden Herrschaft. Schätzungen gehen davon aus, dass bis zu seinem Sturz 1979 etwa 250.000 bis 300.000 Regimegegner ermordet und etwa 60.000 Asiaten vertrieben wurden. Auch unter Milton Obote, der zwischen 1980 und 1985 ugandischer Präsident war, wurden Volksgruppen verfolgt, Gegner ermordet, Folter und Terror verbreitet. Nachdem Obote 1985 gestürzt wurde, gelangte der bis heute amtierende Präsident Yoweri Museveni an die Macht. Daraufhin gründete Joseph Kony die Terrororganisation LRA (Lord's Resistance Army). Kony, der wie Obote aus dem Norden Ugandas stammt und sich nach dessen Sturz übergangen fühlte, setzte damit im Nordwesten Ugandas einen der längsten gewaltsamen Konflikte in der jüngeren afrikanischen Geschichte in Gang. Bis 2006, als der Konflikt offiziell als beendet galt, wurden etwa zwei Millionen Menschen vertrieben und 66.000 Kinder entführt und zu Kindersoldaten oder Sexsklaven gemacht. Im Jahr 2005 wurde Kony vor dem Internationalen Strafgerichtshof in Den Haag angeklagt. Seitdem ist er untergetaucht. Die LRA wurde zwar aus Uganda weitestgehend vertrieben, terrorisiert aber weiterhin die Menschen im Südsudan, in der Zentralafrikanischen Republik und in der Demokratischen Republik Kongo. In diesem Grenzgebiet will sie einen eigenen radikal-christlichen Gottesstaat auf Basis der zehn Gebote gründen, neue Grenzen schaffen, weitere Macht erlangen. Der norwegische Diplomat Jan Egeland, der 2005 Vizegeneralsekretär für Humanitäre Angelegenheiten und Koordinator der Nothilfe der UNO war, bezeichnet die LRA als »wohl brutalste Rebellengruppe der Welt«.

Im gleichen Jahr wurde in Uganda ein Mehrparteiensystem zugelassen, sodass Yoweri Museveni bei den Wahlen im folgenden Jahr erstmals einen Gegenkandidaten hatte. Zugleich hatte er per Verfassungsänderung dafür gesorgt, selbst ein weiteres Mal antreten zu dürfen.

In der Woche vor der Wahl im Jahr 2016 wurde Musevenis langjähriger Herausforderer Kizza Besigye drei Mal inhaftiert, in der Woche danach vier Mal. Museveni gewann die Wahl mit knapp sechzig Prozent der Stimmen, doch die rechtmäßige Durchführung der Abstimmung ist stark umstritten. Auch im Januar 2021 sorgt Museveni dafür, dass er im Amt bestätigt wird. Sein gefährlichster Gegner, Bobi Wine, sowie viele seiner Anhänger werden im Vorfeld der Wahl für mehrere Wochen weggesperrt und gefoltert. Im November 2020 werden über 50 Menschen bei Protesten von der Regierung erschossen. Der ugandische Menschenrechtler Nicholas Opiyo erklärt, dass Museveni den Wahlkampf wie einen Krieg angegangen sei.

Beide Länder sind auf dem Weg zu einer Demokratie, hoffe ich, als ich mich im kenianisch-ugandischen Grenzland befinde, und schmunzele etwas über die merkwürdige Situation, in die ich hier geraten bin. Ich warte nämlich darauf, dass Jule wiederkommt, mich auslöst und wir unser Visum für die Einreise nach Kenia bekommen. Ebenso wie ich macht Jule ein Freiwilligenjahr in Tansania, auf einem Vorbereitungsseminar in Deutschland lernten wir uns kennen, jetzt reisen wir gemeinsam. Der kenianische Beamte thront hinter seinem Schreibtisch und liest Zeitung, das Radio plärrt im Hintergrund, unsere beiden Pässe liegen vor ihm. Immer wieder tippen seine Finger leicht darauf, als Zeichen seiner Überlegenheit. Seine Verärgerung sehe ich ihm deutlich an. Ich habe mir Weihnachten irgendwie anders vorgestellt. Er wahrscheinlich auch.

Gegen 16:30 Uhr erreichten Jule und ich mit einem Matatu, einem ugandischen Minibus, die Grenze bei Malaba. Um 18 Uhr wird sie schließen. Damit haben wir noch zehn Minuten, um hier wegzukommen. Keiner weiß, wie es sonst weitergeht. In Gedanken gehe ich die Auseinandersetzung erneut durch: Die erste Dreiviertelstunde diskutieren wir mit dem Grenzbeamten darüber, wie wir das Visum bezahlen. Er will unsere Uganda-Schillinge nicht annehmen, sondern schickt uns stattdessen um die Ecke zum Schwarzgeldmarkt. Doch aus etwas Distanz sehen wir bereits bewaffnete Männer, die allerlei Waren tauschen, ihre riesigen Geldbündel abzählen und dabei nicht gerade vertrauenserweckend wirken. Wir wollen Schwierigkeiten lieber umgehen. Ein Mann, der uns beobachtet hat, kommt auf uns zu und bietet uns einen derart schlechten Wechselkurs an, dass wir schnell den Eindruck gewinnen, in eine abgesprochene Abzocke verwickelt zu sein. Jule und ich sind uns sicher, der dubiose Mann und der Grenzbeamte sind Komplizen. Er weiß, dass wir Kenia-Schillinge brauchen. Wir gehen zurück ins Grenzbüro, der Mann bleibt draußen. Wir erklären dem Beamten, dass es an der tansanisch-ugandischen Grenze auch kein Problem war, das Visum in der Währung des Landes zu bezahlen, das wir verlassen wollten. Wir denken, dass es hier auch möglich sein müsse. Doch der Grenzbeamte hat schlechte Laune. Er bäumt sich auf und teilt uns schreiend mit, dass er die Macht habe, dass er keine Uganda-Schillinge annehmen werde und wir doch bitteschön verstehen sollten, dass unsere Reisepässe sich nun in seinem Besitz befänden. Ein Tropfen Spucke landet auf einem Dokument vor ihm. Weihnachten, das Fest der Liebe, scheint für uns in weite Ferne gerückt zu sein. An dieser Stelle hätten wir vielleicht klein beigeben und uns von den zwielichtigen Gestalten draußen unser Geld abnehmen lassen sollen, um endlich durchgelassen zu werden. Doch wir sind jetzt richtig sauer und kontern, ebenfalls schreiend. Wir notieren uns seinen Namen in ein Heft, um uns bei seinem Vorgesetzten zu beschweren. Bloß keine Schwäche zeigen! Er soll wissen, dass er so nicht mit uns umgehen kann. Der Grenzbeamte ist nun völlig außer sich. Er nimmt meinen Reisepass zwischen seine klebrigen Hände, schlägt ihn auf, deutet an, dass er ihn zerreißen will und schreit: »I will destroy it.« Und ich, ebenfalls in Rage, fordere ihn auf, eben das zu tun. »I will do it!«, warnt er erneut. Ich drohe mit der Deutschen Botschaft und denke mir Konsequenzen aus, die es wahrscheinlich niemals geben wird. Wir sind mittendrin in einem Machtkampf.

Noch immer hält der Beamte meinen Pass in der Hand, seine Augen funkeln, doch auch Abgeschlagenheit liegt darin. Er lässt die Arme sinken, ruft einen Gehilfen, der hinausgeht und mit zwei recht großen, bewaffneten Männern wiederkommt, jeder eine Kalaschnikow um den Hals und Schweißperlen auf der Stirn. Er spricht schnelles Kisuaheli mit ihnen und wir sind gespannt, was gleich passieren wird. Dann setzt sich der Grenzbeamte hinter seinen Schreibtisch, lehnt sich auf unsere Reisepässe und straft uns mit Ignoranz. Einer der Männer erklärt uns auf Englisch, dass ich mich auf den Stuhl setzen soll, als Pfand sozusagen, während er mit Jule nach Kenia einreist und einen Geldautomaten aufsucht. Mit dem Geld können wir anschließend unsere Visa bezahlen. Dabei streichelt er seine Kalaschnikow ganz liebevoll und sieht uns heiter an. Guter Deal, entscheiden wir. Also schwingt sich der Mann mit Jule auf ein Fahrrad, ein sogenanntes Bodaboda, und düst davon. Genau an diesem Ort wurde die Bezeichnung »Bodaboda«, die in Ostafrika für Motor- und Fahrradtaxen verwendet wird, in den 1960er Jahren geprägt. Denn einst transportierten Fahrräder hier die Güter zwischen Uganda und Kenia *from border to border* und wurden daher mit Bodaboda abgekürzt.

Seitdem sitze ich hier – aktuell eher materieller Gegenstand als Mensch, denke ich, denn so werde ich behandelt. Dann erscheint Jule, gerade noch rechtzeitig, knallt das Geld auf den Tisch und wir bekommen einen Stempel in unsere Pässe, schweigend, ohne Blickkontakt. Der Beamte ist wahrscheinlich froh, dass er uns endlich los ist und in diesen Abendstunden keine weiteren Scherereien mit aufmüpfigen Weißen hat. Mit hocherhobenen Köpfen schreiten wir aus dem Kabuff heraus und erkennen wenig später, dass wir um diese Uhrzeit kein Matatu mehr in die nächste Stadt bekommen werden. Die Köpfe sinken ein wenig. Die Dunkelheit legt sich rasch über das Land, gelb scheint das Licht der Laternen auf den Asphalt. Also schultern wir unsere Rucksäcke und gehen auf der großen Straße, die Kampala mit Nairobi verbindet, Kenia entgegen, auf der Suche nach einer Bleibe für die Nacht. Dutzende Bodabodas befördern auf ihren Gepäckträgern Kochbananen, Kisten und Kartons, Hühner, in Folien gehüllte Decken und Kleidung, eben alles, was in einer Grenzstadt an diesem Weihnachtsabend noch transportiert werden muss. Frauen und Kinder fahren schnell nach Hause, Männer schieben Karren mit Obst oder Gemüse durch die Gegend. Dann entdecken wir eine Unterkunft am Straßenrand und treten ein. Ein Stundenhotel für Prostituierte und ihre Kunden, eine Herberge für Gestrandete wie uns. »Guesthouse« steht ganz offiziell an einem Metalltor, das vor neugierigen Blicken schützt.

Über Malaba werde ich später einen Satz lesen, der sich einprägt: *Welcome to Malaba, where prostitution knows no age.* Willkommen in Malaba, wo Prostitution kein Alter kennt. So schnell wie möglich aus Grenzstädten raus – eine Regel, die ich stets zu befolgen versuche. Jetzt packen wir unsere Schlafsäcke aus und legen sie auf das Bett. Der Kinderstrich ist ein großes Thema in Kenia, einem Land, das über den Sextourismus besonders in der Küstenregion viel Geld verdient. Es heißt, dass in neun von zehn Familien in den Küstendörfern Mädchen zu finden sind, die ihren Körper verkaufen, auch Malaba ist bekannt für dieses Angebot.

Weil wir uns in unserer neuen Herberge unwohl fühlen, gehen wir noch einmal auf die Straße. Befreit von Lastwagen und Autos wirkt sie zu dieser Abendstunde fast lebendiger. Nach einigen hundert Metern erscheint eine kleine Bar, aus der laute Musik dröhnt. Kurz entschlossen treten wir ein, wir wollen ein Bier an der Theke trinken. Jule und ich setzen einen Fuß über die Schwelle, eine Discokugel dreht sich an der Decke und wirft bunte Lichtpunkte in einen kleinen, stickigen Raum. Er ist überfüllt von Menschen, vermutlich einer Ansammlung von Truckern, Schmugglern, Freiern, Prostituierten, Hochstaplern und Leuten, die am Weihnachtsabend gern noch einen Drink genießen wollen. Kaum sitzen wir auf unseren Barhockern, stehen auch schon Gläser vor uns. »Willkommen in Kenia«, sagt ein Mann rechts neben mir auf Englisch. »Ich bin David. Und fröhliche Weihnachten.«

Spotlight an: An diesem seltsamen Ort zu dieser ungewöhnlichen Zeit sind wir begehrte Gesprächspartner. Offen und freundlich werden wir empfangen, und beschämt erkenne ich, dass ich die Vorurteile, die ich gegenüber diesen Menschen habe, revidieren muss. Jeder will wissen, woher wir kommen, was wir machen, warum wir in Malaba übernachten, es sei hier sehr gefährlich. Wir können uns kaum die Namen all der Menschen merken, die uns permanent vorgestellt werden. Sie erklären uns die Mentalität der Kenianer: »Wir sind Demonstranten, wir kämpfen für unsere Rechte!«, und sie beschweren sich über die grassierende Korruption, die mangelnde Transparenz und Rechenschaftslegung der Regierung gegenüber der Bevölkerung. Sie erzählen, dass Kenia jetzt über eine neue Verfassung verfügt, in der Grundrechte festgehalten sind, und berichten über eine relativ offene Medienlandschaft. Wir streiten über das beste Bier und die seltsame Frage, ob man es lieber warm oder kalt trinken möchte. Die Kenianer an der Bar sind sich sicher: »Es muss warm sein!«, und ich finde mich damit ab, dass warmes Bier auf Reisen nicht immer auf einen Mangel an Elektrizität geschoben werden kann. Als ich auf die Toilette gehe, muss ich mich an einer Kuh vorbeischieben, die irgendwie in den winzigen, abgeschlossenen Hinterhof geraten ist. Nur kurz frage ich mich, wie betrunken ich eigentlich bin. Die Frau, die aus der Toilette stolpert, ist überrascht von meinem Anblick und verwickelt mich, leicht schwankend, in das Gespräch, das ich bereits etliche Male führte. Was, warum, wie, allein, zwei Frauen?

Als wir uns gegen zwei Uhr verabschieden und auf den Weg zu unserem »Guesthouse« machen wollen, schließlich müssen wir morgen frühzeitig aufstehen, damit wir ein Matatu in die nächstgrößere Stadt bekommen, springen plötzlich etliche Barbekanntschaften von ihren Hockern auf. »Was ist los?«, fragte ich belustigt. Ein junger Mann mit roter Jacke ergreift das Wort: »Wir begleiten euch nach Hause, diese Stadt ist wirklich sehr gefährlich und dem da« – dabei zwinkert er schelmisch einem Mann zu, der bereits an der Tür steht – »kann man nicht trauen.« David nickt: »Er hat recht.« Wir beteuern halbherzig, dass diese Umstände nicht notwendig seien, und erkennen schnell, dass wir um diesen Service nicht herumkommen. Also sage ich *twende* in die Runde, lasst uns gehen, und die Menschen freuen sich auch hier über meinen Versuch, Kisuaheli zu sprechen. Vorhin sahen wir in ihnen noch zwielichtige Gestalten, jetzt sagt unsere Intuition: Das sind wahre Gentlemen!

Die Hauptstraße ruht, wir schlendern mit der halben Bar in Richtung Stundenhotel. Nach wenigen Schritten begegnen wir einem fremden Mann namens Emilio, der sich mit David per Handshake begrüßt. Der Auftrag ist klar: Die Mädels müssen heil nach Hause kommen! Also schließt er sich uns an und unterstützt David in seinem leidenschaftlichen Plädoyer für Nairobi, eine Stadt, in die ich mich vielleicht nicht sofort verlieben werde, der ich aber eine Chance geben muss, so David, deren kosmopolitischen Charme ich aufsaugen und feierträchtigen Nächte ich erlebt haben sollte, so Emilio. Als ich andeute, dass wir wahrscheinlich schnell nach Mombasa weiterreisen werden, schlagen beide die Hände über dem Kopf zusammen. Die Stimmung wird immer heiterer, wir sind recht laut. Ich frage mich, wie groß die Bande sein müsste, die jetzt noch eine Chance hätte, uns zu überfallen. Dann überlege ich, ob diese freundlichen Männer normalerweise das Überfallen übernehmen, es erscheint mir unwahrscheinlich, ebenso albern wie die extreme Betonung der Gefahr in dieser Stadt. Vielleicht begleiten uns unsere Beschützer, weil wir den Weihnachtsabend gemeinsam verbracht haben, sie nett sein und Hilfe anbieten wollen, vielleicht trauen sie auch einander nicht. Wir zumindest fühlen uns sicher und freuen uns über interessante Gespräche mit neuen Bekanntschaften. Auf den wenigen hundert Metern, die wir bis zu unserer Unterkunft zurücklegen, schließen sich unserem Trupp noch weitere Männer an. Hier kennt man sich, halb Malaba ist auf den Beinen, alle sind gefährlich und eigentlich echte Schurken, wie man uns versichert. »Und ihr wandert nachts immer durch die Straßen, um Fremde sicher nach Hause zu bringen?«, frage ich amüsiert in die Runde, als wir uns verabschieden. »Nein, nur heute Abend, für die gute Tat in der Weihnachtsnacht«, antwortet David lachend, und ich erkenne an der herzlichen Reaktion der anderen Männer, dass auch sie nun zugeben, im Laufe des Abends vielleicht doch ein wenig übertrieben zu haben, als sie uns vor der Gefährlichkeit Malabas warnten.

RISS
IN
DER
WELT

Sambia
Mosi-oa-Tunya

Ein Rütteln, ein Ruckeln, das Summen des Motors, und schon greift der Wind unter die Flügel des blau-weißen Drachenfliegers. Vorsichtig wird er in die Luft gezogen. Ich öffne meine Arme, der Gurt hält mich in der Sitzschale fest. Es ist kaum möglich, dem Fliegen näherzukommen. Dir hätte das gefallen, denke ich noch, als ich bereits kilometerweit das Land überblicken kann, das ich in den letzten Tagen mit einem Minibus von Chipata, einer kleinen Stadt im Osten Sambias, nach Livingstone im Westen durchfuhr. Nun fliege ich über das Hochplateau, auf dem sich der über zweieinhalbtausend Kilometer lange Sambesi entlangschlängelt. In der Ferne steigen weißbläuliche Dunstschwaden gen Himmel auf, wir steuern direkt auf sie zu. Ein schwaches Rauschen wird zu mir herübergetragen, es ist nicht nur der Wind. Er kühlt angenehm meine Haut, sehr hoch steigen wir nicht. Jetzt frage ich mich doch, ob du diesen Flug hättest genießen können. Denn du magst es lieber, wenn dich die Glaskuppel des Cockpits beschützt und dich vergessen lässt, dass du eigentlich Höhenangst hast.

Die Leidenschaft des Fliegens ist tief verankert in dem Menschen, der mich schon in jungen Jahren immer wieder für die Schwerelosigkeit über den Wolken begeisterte. »Irgendwann wirst du Pilotin«, sagte mir mein Stiefvater Sigi einst, als ich noch ein Kind war, und seine Berliner Fliegerjungs, die uns einmal jährlich besuchten, nickten begeistert. Leider musste er schnell einsehen, dass er mit mir nie länger als eine halbe Stunde in einem Segelflieger oder einem kleinen Motorfalken sitzen konnte, bevor ich ihn, elendig vor Übelkeit, anbettelte, endlich zu landen. »Ach Kind«, sagte er dann nur liebevoll und trug mich aus der Maschine heraus, weil meine Beine so zitterten.

Doch reichte bereits diese erste halbe Stunde der Leichtigkeit, um mich mit dem Freiheitsgefühl anzustecken und diese romantische Leidenschaft zu bewundern, die Sigi beinahe fünfzig Jahre lang dazu trieb, die schweren Maschinen himmelwärts zu steuern. Dort oben saß er dann friedlich in seiner Nussschale, ich etwas flau neben ihm, und besah sich selbstvergessen die Welt, die nun sanft und ruhig unter uns lag, während er den Flieger über schillernde Schäfchenwolken steuerte und der Himmel uns umhüllte. Hätte die Übelkeit nicht eingesetzt, hätten wir ewig so weiterfliegen können, beteuerte ich am Boden, während seine Hand mitleidig über meinen Haarschopf fuhr.

Die Gedanken an eine bevorstehende Übelkeit schiebe ich jetzt beiseite, es ist der Moment davor, der zählt. Das Rauschen wird zunehmend lauter. Allmählich nähern wir uns einem Riss in der Welt, einer gewaltigen Schlucht im Boden, aus der der grollende Dunst emporsteigt. Wir fliegen über dem oberen Flusslauf des Sambesi und nähern uns der Kante, die auf einer Breite von 1708 Metern das Wasser in die Schlucht stürzen lässt. Gleich sind wir da! Leicht erhöht sitze ich hinter dem Piloten, seine Hände umgreifen fest die

Stange, mit der er uns lenkt. Kleine längliche Inseln durchbrechen den gewaltigen Flusslauf, es scheint, als hielten sie sich mit letzter Kraft fest. Am Rand wächst ein Regenwald, der durch den Sprühnebel gespeist wird. Dann ist es so weit: Wir fliegen über die scharfe Kante und sehen den größten Wasservorhang der Erde endlich fallen, direkt unter uns. Die Sonnenstrahlen glitzern in den feinen Wassertropfen und ein ewiger Regenbogen spannt sich im Dunst auf. Er verfolgt uns, während wir die Schlucht entlanggleiten. »Das sind die Victoriafälle«, sagte einst der schottische Afrikareisende David Livingston, der sie als erster Europäer im Jahr 1855 erspähte und damit nach der britischen Königin Victoria benannte. Erst über hundert Jahre später, im Jahr 1964, erlangte Sambia die Unabhängigkeit von Großbritannien. »Das ist der Mosi-oa-Tunya, der donnernde Rauch«, sagen die hier heimischen Kololo, doch keiner der Ausländer hört richtig hin.

Das Wasser interessiert sich nicht für diese Namen, es sucht sich nach dem Fallen seinen Weg aus den Fängen der Schlucht und windet sich, nun von Steilwänden umgeben, weiter in das Land hinein, bevor es sich schließlich in Mosambik mit dem Indischen Ozean vereinen wird. Auf einer weiten Strecke bildet der Fluss die Grenze zwischen Simbabwe und Sambia.

»Wunderschön, oder?«, fragt mich jetzt der Pilot.

»Ja, unglaublich«, bestätige ich. »Du musst sehr glücklich sein, dass du den Wasserfall jeden Tag sehen darfst.« Er nickt nachdenklich.

»Wo hast du das Fliegen gelernt?«, will ich neugierig wissen.

»Ich war Kampfflieger in der Simbabwischen Armee«, antwortet er. Wir sehen nun die Brücke, die Sambia und Simbabwe miteinander verbindet und die ich wenig später überqueren werde. Dann verlassen wir schließlich die Schlucht und fliegen tief über dem Oberlauf des Sambesi zurück. Der Schatten unseres Drachens zeichnet sich auf dem Wasser ab. Der Pilot streckt den Finger aus und zeigt auf ein Krokodil, das sich gerade in der Sonne räkelt. Kleine graue Punkte werden zu Elefanten, auf der Ebene stehen ein paar Giraffen, Gazellen springen umher. Gern würde ich diese friedliche Aussicht jetzt mit dir teilen, die Zeit anhalten.

»Und wie war's?«, fragt Sigi aufgeregt, als ich ihm am Telefon davon erzähle. »Fantastisch«, sage ich, und das harmonische Schweigen am anderen Ende des Telefons verrät mir, dass er gedanklich ganz bei mir ist. »Ich freue mich für dich.« Und dann in einem Anflug von väterlicher Besorgnis: »Du machst das aber nie wieder, die Dinger fallen nämlich ständig vom Himmel!«

HAPPYLAND

Simbabwe
Groß-Simbabwe

Mittendrin in diesem seltsamen Land, in dem die Straßen der Hauptstadt Harare vereinsamen, die Supermarktregale keine Waren anbieten und auch die Händler am Wegesrand fehlen, weil es ein verlebter Diktator heruntergewirtschaftet hat – mittendrin in all dem Schlamassel ruht eine Ruinenstadt auf fruchtbarer Erde. Groß-Simbabwe ist die größte vorkoloniale Steinsiedlung südlich der Sahara. Wahrscheinlich wurde sie von den Vorfahren der Shona erbaut – dem Volk, das etwa achtzig Prozent der heutigen Bevölkerung Simbabwes ausmacht. Mit der im 11. Jahrhundert vermuteten Entstehung gilt der Komplex als eine der ältesten Ruinen Afrikas, Ziel zahlreicher Expeditionen und Gegenstand archäologischer Forschung. Und er hat diesem zugleich wunderschönen wie auch zerrütteten Land seinen Namen gegeben: Simbabwe.

Die Nacht war schwül, die Strandparty neigte sich ihrem Ende entgegen, als mir ein Freund aus Daressalam so liebevoll von diesen Trümmern erzählte, seine Hände in die Luft griffen, um mir das Ausmaß der bedeutungsvollen Ruinenstätte verständlich zu machen. Simbabwe heißt »großes Haus aus Stein« *(Dzimba dza mabwe)* oder »geehrte Häuser« *(dzimba-hwe)*, je nach Dialekt in der Sprache der Shona, die den Status einer Nationalsprache hat und sogar Pflichtfach in der Schule ist. Die riesige Ruinenstadt war einst Zentrum eines vergangenen Königreichs, die Mutterstätte, welche hunderte Simbabwes, kleinerer Steinhäuser, bewacht, die verteilt in der Umgebung liegen und sogar bis nach Mosambik und Botswana reichen.

In jenem nächtlichen Moment, als ich dem Staunen und der Leidenschaft in der Stimme meines Freundes lauschte, setzte sich die Idee in mir fest: Dort muss ich hin. Eine Ruine leiht einem ganzen Land ihren Namen – und ich bin ahnungslos. Ich will wissen, woran es liegt, dass ich von diesem Ort trotz seiner immensen Bedeutung für einen ganzen Kontinent noch nichts gehört habe!

Der gebürtige Kenianer Ali Mazrui, Professor und Produzent der BBC-Dokumentationsserie *The Africans: A Triple Heritage* (Die Afrikaner: Ein Dreifach-Erbe), hat dazu eine Theorie. Er erklärt, dass die westliche Welt davon ausgehe, dass afrikanische Völker per se geschichtslos seien, dass die Jahrhunderte sich auf diesem Kontinent in Dunkelheit tauchten und dass das kulturelle Erbe von der Kolonialisierung überlagert, sogar zerstört wurde. Lange Zeit war mir nicht bewusst, wie meine europäische Herkunft dazu beträgt, dass sich mein Unwissen über afrikanische Hochkulturen so viele Jahre gehalten hat. Wenn ich aber die Idee abgleiche, die ich lange, vielleicht noch immer, von diesem Kontinent habe, dann ist es oft eine romantisierte, hierarchische und daher in manchen Teilen rassistische Idee, etwa von der Einfachheit des Lebens, der starken, ursprünglichen Verbundenheit mit der Natur, dem Ort, an dem das Lachen auf der Straße liegt, weil Menschen im Hier und Jetzt leben, an Straßenecken tanzen und Lebensfreude verbreiten. Dass ich mit diesen Gedanken

Rassismus befeuere und beweise, dass weißes koloniales Denken noch immer ein Teil von mir und der Gesellschaft ist, in der ich lebe, wird mir erst in einem andauernden Prozess bewusst, der noch immer nicht abgeschlossen ist. Natürlich will ich auf keinen Fall rassistisch sein, mich nicht rassistisch verhalten. Doch nicht die Intention kennzeichnet mich als Rassistin oder eben nicht, sondern meine Denkstrukturen, die immer noch Hierarchien und Unterschiede erschaffen. Häufig subtil, ohne dass ich es merke. Die Jahrhunderte, in denen weiße Menschen schwarze Menschen unterdrückten, ihnen Gleichheit, Menschlichkeit und Würde aberkannten, sie missbrauchten und verschleppten, prägen meine Sichtweisen und Vorstellungen. »Wir sind doch alle gleich« ist vermutlich ein Satz, den ich lange gebrauchte, der aber erst dann wirklich zutrifft, wenn ich ihn nicht mehr aussprechen muss. Um das zu erreichen, muss ich stückchenweise mein Denken verändern, in neue Bahnen lenken, neue Muster erschaffen. Heute bin ich entschlossen, mein Happyland zu verlassen – diesen seltsamen Ort, dessen Bezeichnung von einem Teilnehmer der Antirassismus-Workshops von Tupoka Ogette geprägt wurde und einen Ort beschreibt, an dem weiße Menschen leben, bevor sie sich mit Rassismus auseinandersetzen. Happyland hinter sich zu lassen ist anstrengend. Aber mit Sicherheit weniger anstrengend, als täglich mit Rassismus konfrontiert zu werden. Meine deutsche weiße Oma hat mir als Kind immer wieder eindringlich gesagt: »Steig niemals in ein Auto von fremden Menschen ein.« Wäre sie schwarz und US-Amerikanerin gewesen, hätte sie gesagt: »Sei doppelt so gut wie weiße Kinder, jeder wird dich beobachten. Gerate niemals in einen Konflikt mit der Polizei. Falls doch, halte deine Hände in die Luft und sei freundlich. Sei besonders höflich zu Lehrkräften oder Menschen in Machtpositionen, sie können dir das Leben schwermachen.« *The Talk* wird so ein Gespräch in den USA genannt.

Natürlich will ich nichts von meiner eigenen Unzulänglichkeit erfahren, mich nicht damit konfrontieren. Wenn das Wort Rassismus ertönt, will ich auf der richtigen Seite stehen, mich rechtfertigen und erhaben sein – das ist mein inneres Gefühl. Doch geht es nicht länger um Schuldzuweisungen oder ein Richtig und Falsch. Es geht um eine offene Diskussion, das Zulassen von Kritik an eigenen Verhaltensweisen, damit sich ganz allmählich etwas in unserer Gesellschaft verändern kann.

Für mich beginnt all das mit den Händen meines Freundes, die in der schwülen tansanischen Nacht in die Luft greifen, mit der Leidenschaft in seiner Erzählung, mit der immensen Bedeutung der Ruine, die sich mir noch nicht erschließen will, und mit der heimlichen Verwunderung darüber, dass ich nichts über afrikanische Hochkulturen südlich der Sahara weiß.

Am frühen Nachmittag betreten Philipp und ich Groß-Simbabwe. Wir lernten uns kurz vor dem Aufstieg auf den Kilimandscharo kennen. Er hatte den gleichen Traum wie ich, bestieg den Berg jedoch auf einer anderen Route. Wir fühlten uns verbunden und kamen zusammen. Jetzt reisen wir einige Monate später gemeinsam durch dieses leere Land. Der einzige Tourist, den ich an jenem Tag sehen werde, verlässt mit unserer Ankunft den Ruinenkomplex, der einst eines der größten afrikanischen Königreiche war. Wir sind jetzt allein. Die riesige Fläche ist mit Palmen und Mobola-Pflaumen besprenkelt. Mit endlosen behauenen rechteckigen Steinen, die sich zu Mauern und Gebäuden formen und so viel vergessene Geschichte beherbergen. Vielleicht ist sie für immer verschollen. Alles, was man mittlerweile weiß, ist: Als im 11. Jahrhundert in Europa das frühe Mittelalter endete, baute hier ein Volk, Stein für Stein, ganz langsam, ein Reich für seinen König. Es heißt, hier wurden Gold geschürft und Elefanten ihres Elfenbeins beraubt, bevor man die Produkte an die Ostküste zu den Swahili-Stämmen lieferte, die auf einem etwa 1500 Kilometer langen Küstenstreifen zwischen Südsomalia und Mosambik leben. In der Blütezeit des Königreiches im 14. Jahrhundert wurde diese Handelsroute von Groß-Simbabwe aus kontrolliert, die damalige Stadt war das erste Glied in einer Handelskette, die die Schätze vom Inneren Afrikas bis nach Europa brachte und damit maßgeblich dazu beitrug, die Städte der alten Welt in Pracht zu tauchen.

Während ich durch den Komplex wandere, meine Hand die rauen Steine einer etwa zehn Meter hohen Mauer berührt, die ohne Mörtel der Zeit trotzt, kann ich mir kaum vorstellen, dass hier etwa achtzehntausend Menschen gelebt haben sollen, dieser Ort Zeuge eines alten urbanen Lebens in Afrika ist und vor über einem halben Jahrtausend ebenso viele Menschen beherbergte wie London zu jener Zeit.

Die Stille, die hier im Innern der großen Einfriedung herrscht, begleitet mich seit geraumer Zeit durch dieses Land. Ich beobachte meinen Schatten, der auf die sandgelben, manchmal rötlichen Steine fällt, und ganz nebenbei gräbt sich der Ort in mein Gedächtnis ein.

Der britische Imperialist Cecil Rhodes war einer der Ersten, die sich im Wettlauf um Afrika in den 1880er Jahren ein Stück Land vom riesigen Kontinent abzwackten, ihm Bodenschätze wie Gold und Diamanten von unvorstellbarem Wert raubten. Ende des 19. Jahrhunderts wurde das fruchtbare Land sogar gönnerhaft nach ihm benannt: Rhodesien. Nach blutigen Eroberungskriegen überließ Rhodes es britischen Einwanderern, die einheimische Bevölkerung wurde unterdrückt. Er legitimierte diesen Missbrauch unter anderem mithilfe der scheinbaren Erkenntnisse des deutschen Kartografen Karl Mauch, der behauptet hatte, dass Groß-Simbabwe aufgrund seiner Größe und Erhabenheit niemals von Schwarzen hätte erbaut sein können. Mauch stellte sogar die irrsinnige Vermutung auf, dass Groß-Simbabwe von einer biblischen Gestalt, der Königin von Saba, errichtet worden sei, die im 10. Jahrhundert vor Christus zum Hof des Königs Salomos, des damaligen Herrschers des Vereinigten Königreichs Israel, gereist sein soll. Nach Mauch handelte es sich bei der Ruine um die Überreste der sagenhaften Stadt aus Gold, des biblischen Ophir, von der König Salomo sein Gold geholt haben soll.

Der Beweis einer versunkenen Existenz weißer Hochkultur in Afrika hätte den weißen Anspruch auf das Land gerechtfertigt. Also hielt Rhodes an der rassistischen Theorie Mauchs fest, was dazu führte, dass gierige weiße Männer nach Gold und weiteren Schätzen in der Ruine suchten. Damit machten Rhodes und viele nach ihm sich eines historischen Vandalismus schuldig, denn sämtliche Artefakte wurden bei der Schatzsuche zerstört, Beweise wurden vernichtet, die Geschichtsfälschung vorbereitet und somit ein Großteil der simbabwischen Kulturgeschichte der Vergessenheit übergeben. Obwohl 1929 die britische Archäologin Gertrude Caton-Thompson nach Groß-Simbabwe kam, einen Teil der Ruine (die Maund-Ruine) entdeckte, der bisher von weißen Händen verschont geblieben war, und dort nach intensiven Ausgrabungen Mauchs Theorien widerlegen konnte, wollte ihr keiner zuhören. Fakten hatten damals schon keine große Bedeutung, wenn sie nicht zur Geschichte passten, die man erzählen wollte. Caton-Thompson stellte fest, dass Einheimische das prächtige Groß-Simbabwe errichtet haben mussten, und legte damit die Basis für das heutige Wissen. Erst in der zweiten Hälfte des 20. Jahrhunderts konnte diese Annahme dank wissenschaftlicher Methoden endgültig bestätigt werden. Als jetzt die wahre Geschichte nicht mehr geleugnet werden konnte, gab es einen altbewährten Weg für die Weißen, die Macht zu behalten: Zensur. Die Wahrheit über Groß-Simbabwe wäre gefährlich für die visionäre Lüge gewesen, die das damalige Rhodesien englisch machte. Zwischen 1965 und der Unabhängigkeit Simbabwes im Jahr 1980 wurden alle Informationen, die über Groß-Simbabwe gesammelt wurden, geheim gehalten. Menschen, die sich nicht an der Geschichtsfälschung beteiligten, wurden inhaftiert und deportiert.

Obwohl wir an diesem Nachmittag große Teile des Ruinenkomplexes sahen, der sich auf etwa 722 Hektar – einer Fläche etwa doppelt so groß wie der Central Park in New York – erstreckt, entscheiden wir uns, am Abend ein zweites Mal auf die Bergruine zu steigen. In warmes Licht getaucht liegt sie etwa achtzig Meter über der Ebene. Eine Affenfamilie begleitet uns, sie scheint den einst heiligen Ort zu bewachen, von dem aus der König von Groß-Simbabwe sein Reich regierte. Hier befragte er sein Medium – eine Person, die übernatürliche Botschaften empfangen und weitergeben konnte, so der Glauben. Das Medium verfiel in Trance und wurde vom Geist eines vergangenen Herrschers in Besitz genommen. So konnte der König mit den Ahnen kommunizieren, Einfluss auf seine Stammesfürsten ausüben und sich seine Macht, seine spirituelle Herrschaft, sichern. Es bedurfte also keiner großen Heere, sondern dieses Glaubens, dem der Grundgedanke des Ahnenkults zugrunde liegt und der heute noch im Alltag der hier lebenden Shona verankert ist.

Philipp und ich sitzen nun nebeneinander am höchsten Punkt der Ruine auf einem Felsen, wir blicken über die samtige Weite, die sich ganz in Rot kleidet, und bestaunen die Ruinen, die so winzig klein unter uns liegen. Wir sind hier, an diesem unglaublichen Ort, der der Beweis einer komplexen Kultur ist, die jahrhundertelang auf diesem Kontinent existiert hat. Wir sind an einem Ort, der einem ganzen Land endlich seine Identität zurückgegeben hat, auch wenn der Weg zu echter Freiheit noch lange andauern wird. Im Jahr 2020 sind vierzig Jahre vergangen, seitdem Simbabwe seine Unabhängigkeit erhielt. Trotzdem liegt die Wirtschaft am Boden, Binnenflucht ist weit verbreitet, Meinungsfreiheit stark eingeschränkt. Hoffnung keimte 2017 auf, als die von Hungersnöten und Menschenrechtsverletzungen geprägte dreißigjährige Diktatur Robert Mugabes ein Ende fand. Doch die Hoffnung wurde schnell zerschlagen. Auch unter der neuen Regierung von Emmerson Mnangagwa, der Mugabe jahrzehntelang zur Seite stand, gibt es keine Besserung. Demonstrationen werden mit Waffengewalt aufgelöst, politische Gegner entführt und gefoltert.

Während die Sonne langsam verschwindet, wir schweigen und vielleicht auch andächtig sind, weiß ich, dass ich diesen Ort in mir tragen werde, ich nun eine eigene Erinnerung erschaffen habe, er plötzlich eine persönliche Bedeutung erlangt hat. Jetzt werde ich in die Luft greifen und von einer unglaublichen Ruine erzählen, die mittendrin in einem vereinsamten Land liegt.

DER WEIßE
HAI

DONNER
AM VULKAN

Ruanda
Vulkan-Nationalpark

Sanft überzieht roter Morgennebel den Visoke, einen der acht Virunga-Vulkane, die an der Grenze zwischen Ruanda, der Demokratischen Republik Kongo und Uganda liegen. Dass aber die Grenze zur DR Kongo tatsächlich direkt am Krater des Visoke verläuft, ist uns an diesem Morgen nicht bewusst. Collins grinst mich im Rückspiegel an. Timon und ich lernten ihn gestern auf dem Zentralplatz der ruandischen Stadt Ruhengeri kennen. Auf den ersten Blick wirkte er nicht unbedingt vertrauenserweckend, stürmisch und einnehmend kam er auf uns zu. Eindringlich fixierten uns seine gelb unterlaufenen Augen. Um seinen dünnen, hochgewachsenen Körper hing ein großes Hemd. Und doch zögerten wir nicht allzu lang, seine Dienste in Anspruch zu nehmen. Etwas schief und viel zu ehrlich war sein Lachen. Intuition, könnte man jetzt sagen. In Wahrheit hatten wir an diesem Tag einfach Lust, Vertrauen in einen Menschen zu setzen, den jeder Reiseführer abwertend als Schlepper bezeichnen würde. Unser Risiko war überschaubar. Also hielten wir Collins ein paar Scheine hin, nach denen er mit auffällig langen Finger griff, und waren uns seltsam sicher, dass er mit seinem Geländewagen am nächsten Morgen um fünf Uhr vor unserer Herberge stehen würde. Jetzt sitzt er am Steuer. Sein Auto ist gleichzeitig Nachtquartier. Wir sind auf dem Weg zum Büro des Vulkan-Nationalparks, wir wollen den Visoke besteigen! Für meinen Freund Timon ist die

Reise nach Ruanda die erste in einem afrikanischen Land, wir sind erst vor wenigen Tagen angekommen. Viele junge Männer schieben im anbrechenden Tag schwer beladene Fahrräder die etlichen Straßensteigungen hinauf, zu Recht wird Ruanda auch das Land der Tausend Hügel genannt. »Es fühlt sich an, als wären wir bereits seit einem Monat unterwegs«, murmelt er in den Morgen hinein und ich weiß genau, dass es die Flut von neuen Eindrücken ist, die ihn diesen Satz sagen lässt. Ich nicke glücklich. Erinnere mich an meinen ersten Tag damals in Tansania, an dieses besondere Gefühl des ersten Erlebens.

Obwohl wir uns gestern noch wie die einzigen Reisenden in dieser Stadt gefühlt haben, müssen wir bei der Ankunft am Büro des Nationalparks feststellen, wie viele Menschen unterschiedlichster Nationen auf die Besichtigung der Berggorillas warten. Die Tiere waren für sie der ausschlaggebende Grund, überhaupt nach Ruanda reisen zu wollen. Unter einem überdachten Platz sammeln sie sich nun.

Den Tieren bringen die Menschen viel Geld (etwa 1500 Dollar bezahlt ein Besucher für eine geführte Tour), das größtenteils für ihren Schutz verwendet wird: Hier und im ugandischen Bwindi-Nationalpark leben die letzten weltweit verbliebenen Berggorillas, die dank der touristischen Erschließung die einzige Gorilla-Unterart ist, die einen steigenden Bestand aufweisen kann. Laut einer Zählung in den Jahren 2015/2016 gibt es etwa tausend Tiere an den Berghängen Ostafrikas, in den 1980er Jahren waren es hingegen nur 620. Mithilfe der Einnahmen aus dem Tourismus können nicht nur Tierärzte, sondern auch Ranger beschäftigt werden, die die Gorillas unter anderem vor Wilderern und den Rebellen schützen. Aus der DR Kongo kommend, versuchen diese immer wieder, die Tiere zu erlegen und auf dem Schwarzmarkt zu verkaufen oder sogar ein Lager im Nationalpark zu errichten. Die Ranger Ruandas riskieren ihr Leben für den Erhalt der bedrohten Tierart.

An diesem frischen Morgen sind wir die Einzigen, die auf den Vulkan und nicht zu den Gorillas wollen. Das Nationalparkbüro weist uns einen Guide zu. Collins bringt uns zu einem kleinen Dorf, dem Startpunkt unserer Tagestour, und entlässt uns in die Abgeschiedenheit dieses Erdfleckens. Steine übersähen die Straße, auf der wir nun entlanggehen, Collins wird auf unsere Rückkehr warten. Der Weg beginnt mit einem sanften Anstieg und verschwindet in der Ferne im Dschungel. Junge Männer stehen rechts und links am Wegesrand, ihre Hütten sind aus Lehm und Holz zusammengeflickt. Die Blicke sind streng, ich vergesse zu grüßen.

Ich frage mich, ob hier die Menschen leben, die Dian Fossey den Namen Nyirmachabelli gaben, »die Frau, die einsam im Wald lebt«. Die US-amerikanische Primatologin errichtete 1967 zwischen den Vulkanen Visoke und Karisimbi die Karisoke-Forschungsstation im Dickicht. Unerschrocken widmete sie fast zwei Jahrzehnte lang ihr Leben dem Schutz und der Erforschung der Menschenaffen, bevor sie es dort ließ, erschlagen von Unbekannten in ihrer Hütte im Dezember 1985. Dem kanadischen Schriftsteller Farley Mowat zufolge ist es wahrscheinlich, dass Fossey nicht von Wilderern, die sie relativ problemlos bei ihren täglichen Beobachtungen im

Wald hätten erschießen können, ermordet wurde, sondern von jenen, die in ihr ein Problem für den sich entwickelnden Gorillatourismus sahen. Die Todesumstände sind bis heute nicht aufgeklärt.

Gideon, unser Guide, ist ein nüchterner, ernster Mensch, zumindest an diesem Tag. Er beginnt den Tagesmarsch ohne einleitende Worte, nur ein leichter Schwenk mit dem Kopf sagt uns, dass wir nun starten. Er beantwortet alle Fragen höflich, wirklich erzählen will er aber nicht. Ich bemerke, dass seit ein paar Minuten ein junger Mann in einem blauen Mechaniker-Overall hinter uns geht. Während er zu mir aufschließt, fragt er mich, ob er meinen Rucksack tragen kann. Ich verneine und denke mir nichts weiter dabei. Er lässt sich enttäuscht wieder zurückfallen und folgt uns weiterhin.

Als wir das Dorf verlassen, stehen sieben Soldaten vor einer Absperrung. Sie reden leise miteinander, tragen Tarnuniformen, Westen, Gewehre, Gummistiefel. Ich hinterfrage nicht ihre Aufgabe oder den Zweck ihrer Anwesenheit an diesem Ort. Es ist ein neuer Tag im Virunga-Gebirge, Soldaten sind kein seltener Anblick in Ruanda. Wir passieren die Schranke, keiner will einen Ausweis sehen. Dann setzen sich die Soldaten hinter uns in Bewegung, sie folgen uns ebenfalls, scheinbar zufällig.

Vereinzelt keimen gedämpfte Gespräche auf, hin und wieder sehen wir abgelegene Hütten und Dorfbewohner, die auf Feldern arbeiten und Lasten transportieren. Die Sonne scheint, kleine Quellwolken ziehen am Himmel. Allmählich wird der Weg schmaler, der Anstieg steiler. Dann erscheint das letzte

Feld, eine Schwelle, die Mensch von Natur trennt. Bevor uns der Bergwald verschluckt, dieses undurchdringbare Grün, bestehend aus Farnen, Moosen, Bromelien, Lianen, Urwaldriesen, bleibt Gideon stehen und spricht mit den Soldaten. Als wir unseren Weg fortsetzen, wird ein Soldat zurückgeschickt, die anderen kreisen uns ein, begleiten uns stumm. Es ist auffällig, dass wir nicht über das Gespräch informiert werden, Erklärungen bleiben aus. Und plötzlich erkennen wir, mitten im Wald, dass wir nun eine Gruppe sind: Zwei Touristen, ein Guide, sechs Soldaten und ein Mann in einem Overall, der von allen ignoriert wird. Ich habe das Gefühl, dass diese Menschen, die uns umgeben, einander nicht unbedingt mögen. Es herrscht eine gedrückte, seltsame Stimmung.

Ich will eine Bestätigung von Gideon: »Gehören die Soldaten zu uns?« Er nickt. »Begleiten sie uns bis zum Kraterrand?« Gideon nickt erneut. »Warum?«, will ich wissen. Er sagt: »Tiere.« Ungläubig gehen wir weiter. Timon und ich sind uns sicher: Irgendetwas stimmt hier nicht.

Auf unserem Weg liegt frischer Kot. »Gorillas«, flüstert Gideon, »sie sind sehr nah.« Überrascht von diesem Fund frage ich ihn, ob wir sie sehen werden. Doch er zerschlägt die Hoffnung sofort. Wir haben lediglich 75 Dollar für den Aufstieg bezahlt, für die Tourismusbehörde sei es schlecht, wenn Besucher erzählen, dass man auch für einen Bruchteil der eigentlichen Kosten Berggorillas sehen könne. Also müssen wir schnell weitergehen, uns mit dem Kot begnügen. Wenig später zeigt uns Gideon eine Sitatunga-Antilope. Sie erschrickt und verschwindet im Unterholz.

Hinter Lianen versteckt, von der Natur vereinnahmt, erscheint ein Schild. *Dian Fossey Site* ist darauf zu lesen. Auch die Überreste der Karisoke-Forschungsstation, die während des ruandischen Völkermordes 1994 angegriffen und aufgegeben wurde, sind nicht weit entfernt. Wir gehen jetzt auf dem Weg, den Fossey damals Tag für Tag nutzte, um die Berggorillas aufzuspüren.

Immer häufiger verschwinden die Soldaten abwechselnd im Gestrüpp und erscheinen unerwartet wieder auf dem Trampelpfad. Das Gehen ist deutlich anstrengender geworden. Der Anstieg ist so steil, dass ich kaum die natürlichen Stufen erklimmen kann, die der Vulkan erschaffen hat. Gideon erzählt, dass einige Touristen den Kraterrand nicht erreichen und vorzeitig umkehren. Ich sehe, dass der Regen rutschige Rillen in den Boden gegraben hat, bei Nässe ist ein Aufstieg beinahe unmöglich. Der junge Mann im blauen Overall gibt mir seine Hand, ich nehme sie an, er lächelt. Er wirkt unbedarft, unbeholfen. Starr und ausdruckslos bleiben die Gesichter der Soldaten. Die Gesichter vieler Menschen in Ruanda zeigen deutlich die Spuren des Völkermordes. Denn sie sind äußerst jung, diese Gesichter der Gesellschaft. Alte gibt es selten. Und jedes Mal, wenn ich auf meiner Reise durch Ruanda ein Gesicht erblicke, das nur wenig älter ist als meines, dann frage ich mich, welche Erinnerungen, welche Taten es geformt haben. Während ich nämlich die letzten Tage meiner Kindergartenzeit im Jahr 1994 sorglos und freimütig genoss, begann in Ruanda das große Abschlachten der Tutsi. Es war der traurige Höhepunkt einer langen

Entwicklung: Von 1899 bis 1919 hatten die Deutschen Ruanda besetzt. Wie viele Kolonialmächte standen auch sie vor der Frage, wie sie ein großes Land mit wenigen Soldaten kontrollieren konnten. Nach britischem Vorbild entschieden sie sich für eine indirekte Herrschaft, bei der die Kolonialherren die vorgefundenen Strukturen des Landes für ihre Zwecke nutzten. Divide et impera – teile und herrsche, so die Devise. Sie nahmen die realen sozialen und ökonomischen Unterschiede zwischen den Menschen, versahen sie mit scheinbaren biologischen Merkmalen und prägten damit die Idee, es handele sich um verschiedene Ethnien, die sie als Rassen (Hutu, Tutsi, Twa) bezeichneten. Damit war die angebliche rassische Überlegenheit der Tutsi, die einst Hirten waren, gegenüber den Hutu, die Felder bestellten und somit als Bauern bezeichnet wurden, besiegelt. Die Hutu wurden diskriminiert und ausgebeutet, ihren Kindern der Besuch von Regierungsschulen verboten, eine ungerechte Rechtsprechung eingeführt. Im Verlauf des Ersten Weltkrieges erlangten die Belgier allmählich die Kontrolle über Ruanda und behielten die von den Deutschen etablierte ungleiche Machtverteilung bei. Ab 1933 gingen sie sogar noch einen Schritt weiter und stellten im Zuge einer Volkszählung Ausweispapiere aus, die die Menschen endgültig und offiziell einer Rasse (Hutu, Tutsi, Twa) zuordneten. Bereits hier, sechzig Jahre zuvor, wurde der Völkermord vorbereitet. Drei Jahre vor der Unabhängigkeit Ruandas im Jahr 1962 eskalierte die Gewalt zwischen Hutu und Tutsi, als der langjährige Tutsi-König Mutara Rudahigwa starb. Die Belgier änderten daraufhin ihre Strategie und ersetzten etwa die Hälfte aller Tutsi in der Verwaltung durch Hutu. 1960/61 folgte der Umbruch der politischen Verhältnisse, bekannt als die Hutu-Revolution, in der die Hutu-Partei Parmehutu den Wahlsieg erlangte. Noch bevor die Belgier das Land verließen, flohen Zehntausende Tutsi in benachbarte Länder. Der neue Hutu-Präsident Grégoire Kayibanda errichtete einen Einparteienstaat und förderte die Gewalt gegen die Tutsi. In den kommenden Jahren verloren etwa 20.000 von ihnen, darunter alle Politiker, die noch nicht geflohen waren, durch gewaltsame Angriffe ihr Leben.

1972 gelangte der Hutu Juvénal Habyarimana an die Macht. Zunächst gelang es ihm, die permanenten Konflikte zu unterbinden. Als jedoch Mitte der 1980er Jahre der Kaffeepreis rapide fiel und das Land in eine Staatskrise stürzte, keimten Zweifel an der zunächst erfolgreichen Wirtschaftspolitik des Präsidenten auf. Es bildeten sich oppositionelle Gruppierungen, die - wie auch das Ausland - eine Demokratisierung des Landes forderten. Zu Beginn der 1990er Jahre vermutete man, dass etwa 600.000 Tutsi-Flüchtlinge in benachbarten Ländern lebten. Teilweise schlossen sie sich der in Uganda gegründeten Ruandischen Patriotischen Front (RPF) an, die das Ziel verfolgte, das Hutu-Regime zu stürzen.

Im Oktober 1990 marschierte erstmals die Tutsi-Rebellenarmee von Uganda aus ein. Es war der Beginn des Bürgerkrieges in Ruanda, die Angst vor der RPF wuchs, und auf Initiative von Agathe Habyarimana, der Frau des Präsidenten, wurde die Zeitung *Kangura* (zu Deutsch: »Weckt sie auf«) gegründet. Sie gehörte zum einflussreichen Familienclan der Akazu, der wesentlich zum Machterhalt des Präsidenten und zum späteren Völkermord beitrug. Die Zeitung Kangura verbreitete Hutu-extremistische Ideologien, verschärfte die Vorbereitung auf den Völkermord und veröffentlichte 1994 sogar Todeslisten, die zur Ermordung von Tutsi und moderaten Hutu aufriefen. Ebenso war die Präsidentengattin sowie eine Machtgruppe um ihren Mann 1993 an der Gründung des Radiosenders Radio-Télévision Libre des Mille Collins (RTLM) beteiligt, der auch Hate-Radio genannt wurde. Da zu diesem Zeitpunkt etwa vierzig Prozent der Bevölkerung Analphabeten waren, war der Rundfunk ein einflussreiches Medium. Radiogeräte wurden kostenfrei an die Bevölkerung verteilt, Macheten massenhaft aus dem Ausland importiert und günstig verkauft.

Als das Flugzeug, mit dem der Präsident von einer Konferenz aus Daressalam zurückkehrte, am 6. April 1994 abgeschossen wurde, war die Initialzündung für den Völkermord gegeben. Die Hutu unterstellten den Tutsi, den Präsidenten ermordet zu haben. Doch es gibt auch die Annahme, dass extremistische Hutu die Maschine abgeschossen hätten. Das Attentat wurde nie aufgeklärt. Der Radiosender RTLM rief zum Mord an den Tutsi auf, etwa dreißig Minuten nach dem Flugzeugabschuss begann der Genozid.

Innerhalb von drei Monaten verloren schätzungsweise eine Million Babys, Kinder, Frauen, Männer unter grausamsten Umständen ihr Leben. Auf der Menschenjagd wurde verstümmelt, vergewaltigt, sexuell gedemütigt, zum Inzest und Kannibalismus gezwungen. Der Tod war vielfältig: Die Tutsi und jene Menschen, die gegen das Regime waren, wurden ausgehungert, gepfählt, mit Macheten erschlagen, von Handgranaten in die Luft gesprengt, lebendig in Kirchen verbrannt, verstümmelt, bis das Sterben zur Gnade wurde. Unzählige Hutu, damals junge wie alte, waren beteiligt. Eine empirische Studie von 2006 vermutet, dass zwischen 175.000 und 210.000 Hutu zu Tätern wurden und mindestens einen Mord begingen. Hunderttausende Menschen, Täter wie Opfer, flohen – auch durch diesen Bergwald, der mich jetzt so still umgibt.

Gideon geht vor mir, ich bin auf den schwierigen Weg konzentriert. Als ein Soldat knapp hinter mir erscheint, erschrecke ich mich. Es reicht! Es ist an der Zeit, Fragen zu stellen und Antworten zu erhalten.

»Wie viele Soldaten begleiten die Besucher, die zu den Gorillafamilien wollen?« – »Einer«, sagt Gideon. »Gibt es auf unserer Route denn andere, gefährlichere Tiere?« Natürlich weiß ich, dass das nicht der Fall ist, aber ich will, dass er merkt, dass seine Antworten nicht genügen. Es interessiert Gideon nicht. Er verneint die Frage, die Tiere könnten sich schließlich frei bewegen.

Ich ändere meine Strategie und zähle ihm die Fakten vorsichtig auf: Auf unserem kleinen Ausflug gibt es zwei Touristen und sechs bewaffnete Soldaten, bei den anderen Touren hingegen jeweils acht Touristen mit nur einem Soldaten, obwohl sie doch zu den Gorillas gehen! Gideon hört sich meinen Vortrag an und reagiert nicht, schließlich habe ich keine Frage gestellt.

Als ich auf dem steilen Weg abrutsche, springt der junge Mann mit dem Overall an meine Seite und gibt mir Halt. Ich begreife, dass er meine Sicherheit als seine Aufgabe betrachtet, dass er ein junger Mann aus dem Dorf ist, der Arbeit sucht und einen Tag opfert, um die Aussicht auf ein wenig Lohn in Form von Trinkgeld zu erhalten. Es fühlt sich für mich seltsam an, ihm jetzt meinen Tagesrucksack zu geben, obwohl er sich selbst vermutlich als Träger bezeichnen würde. Daher reiche ich ihm so oft es geht die Hand, dieser Mensch bringt ein wenig Freundlichkeit an den Vulkan. Gideon geht derweil weiter, dem Krater entgegen und dem Gespräch aus dem Weg.

Während wir höher steigen, verschwinden die Bäume, Riesensenecien und -lobelien wachsen nun in dieser Höhe. Feuchtwarme Luft steigt vom Gras auf, die Sonne brennt, der Schatten wird seltener, mir wird schummrig. Die Höhe und die Anstrengung lassen mich leicht taumeln, der Kreislauf streikt. Jedes Mal, wenn ich in einer solchen Situation bin, muss ich an den Kilimandscharo denken und daran, dass die aktuelle körperliche Beanspruchung dagegen lachhaft ist. Meist hilft der Gedanke nicht. Ich bin mir zu diesem Zeitpunkt ziemlich sicher, dass ich einen Aufstieg zum Uhuru Peak, zum höchsten Punkt Afrikas, kein zweites Mal schaffen würde. Der mit Gras bewachsene Kraterrand rückt allmählich näher. Ich bleibe stehen und trinke, in der Ferne sticht aus dem Mittagsdunst der kegelförmige Vulkan Sabinyo heraus. Gerade als ich weitergehen will, ertönt ein langanhaltendes Donnern. Überrascht schaue ich auf, ich suche nach Wolken, nach Regen und Dunkelheit. Doch meilenweit herrscht Sonnenschein. Die Farben leuchten kräftig, üppiges Grün vermischt sich mit dem Himmelblau. Die Erde, auf der wir den Vulkan besteigen, ist fruchtbar. Es ist, als hätte man sie mit einem grünen Teppich überworfen. Dann donnert es ein zweites Mal, tief und gewaltig, es kommt aus dem Dschungel. Ich gehe schneller und hole Gideon ein. »Was ist das?«, will ich wissen. Er bleibt kurz stehen, schaut mich mit ausdruckslosen Augen an und sagt: »Das ist der Krieg im Kongo.« – »Was ist das?«, frage ich erneut, weil mir diesmal die Antwort nicht gefällt, und werfe hinterher: »Ich meine das Geräusch eben gerade.« – »Das sind die Rebellen, sie verstecken sich hier am Vulkan, im gesamten Virunga-Gebirge. Gelegentlich zeigen sie, dass sie noch da sind.«

Da habe ich sie also, die Antwort, auf die ich seit Stunden warte, und frage mich, wie naiv wir eigentlich sind. Gideon versucht uns zu verschweigen, wo wir uns befinden, und wir versäumen es, uns vernünftig zu informieren. Dabei hätte schon ein Blick auf Google Earth geholfen. »Wo ist der Kongo?«, frage ich weiter und Gideon streckt den Finger aus. »Genau vor uns, komm!« Wir erreichen den Kraterrand und sehen erstmals den See, die unsichtbare Grenze zwischen den beiden Ländern. »Hier stehen wir noch in Ruanda, wenn wir hundert Meter auf dem Kraterrand entlanggehen, sind wir im Kongo. Also bewegt euch hier nicht weg!« Dabei setzt er sich nieder und verkündet die Pause. Währenddessen schwärmen die Soldaten aus, umstellen den Kraterrand, beobachten die Hänge. Es ist immer noch ein ganz gewöhnlicher Tag im Virunga-Gebirge. Die Soldaten wirken keineswegs nervös. Wahrscheinlich haben sie die Gefechte schon viel zu oft gehört, vielleicht haben sie selbst in den endlosen

Konflikten gekämpft. Nachdem die RPF 1994 gesiegt hatte, flohen mehr als zwei Millionen Ruander aus Angst vor Vergeltung außer Landes. In der Nähe Gomas im Osten der DR Kongo und nicht weit entfernt von der ruandischen Grenze entstand ein großes Flüchtlingscamp, in dem extremistische Hutu die Macht übernahmen und die Geflüchteten für eine Rückgewinnung Ruandas militärisch ausbildeten.

Viele Tausende der Rebellen, die jetzt in den Wäldern des Ostkongos umherziehen, sind geflüchtete Hutu, die damals den Völkermord mit zu verantworten hatten, oder ihre Nachkommen.

Ich verstehe ein wenig, warum sich keiner ernsthaft für ein Gespräch mit uns interessiert, vielleicht können sie zu Recht nicht nachvollziehen, warum wir ausgerechnet hier einen Vulkan besteigen wollen. Wir sind nur ein paar Touristen, lediglich ein Auftrag, der erledigt werden muss. Ich setze mich auf die Decke. Wir machen eine Pause auf einem Vulkan, befinden uns in einer skurrilen Parallelwelt, während wenige Kilometer entfernt ein bewaffneter Konflikt wütet, der keine Pause kennt. In der Nacht des 4. Oktober 2019 werden die Rebellen diesen Dschungel verlassen, die unsichtbare Grenze zwischen der DR Kongo und Ruanda übertreten, die jetzt vor mir liegt. Sie werden sich auf die andere Seite des Vulkans schleichen, das Dorf Kinigi, von dem aus wir starteten, überfallen und vierzehn Menschen töten, weil sie es können. Sie werden Schrecken und Terror verbreiten, Erinnerungen an den Völkermord 1994 aufleben lassen und wieder im Wald verschwinden. Neunzehn von ihnen werden bei der anschließenden Verfolgungsjagd getötet werden. Doch das liegt zu diesem Zeitpunkt im Sommer 2017, als ich auf einem Vulkan sitzend Pause mache, weil ich einmal in einem Wald unterwegs sein möchte, in dem Berggorillas leben, noch in der Zukunft.

Die Wolken fliegen dicht über uns hinweg, um uns herum und öffnen immer wieder kleine Fenster, durch die wir den Karisimbi oder die Spitze des Mikeno, des einzigen Vulkans, der völlig in der DR Kongo liegt, sehen. Ich erwische mich dabei, wie ich nicht nur diese einzigartige Vulkanlandschaft betrachte, sondern konzentriert auf die Hänge starre, zwischen den Büschen die Rebellen und schweres Geschütz suche. Über der Schönheit der Natur liegt jetzt nur noch Dumpfheit, meine Sinne sind getrübt. Mein Körper pausiert vielleicht, meine Gedanken könnten nicht hektischer, verwirrter, beschäftiger sein. Mir wird übel, ich lege mich ins Gras. Ich bin mir unsicher, ob die Übelkeit von meinen Gedanken oder von der Höhe kommt. Schließlich sind wir in den letzten Stunden etwa 1300 Höhenmeter aufgestiegen und befinden uns nun auf 3711 Metern. Während ich in den Himmel starre, nur noch Wolken und keine Vulkane mehr sehe, spreche ich meinen Gedanken laut aus: »Wir sitzen hier und wollen am liebsten Gorillas sehen, da drüben ist der Krieg.« »Ja, so ist es«, antwortet Timon, auch er hat keine Worte mehr. Die Situation überfordert uns.

Es bleibt ruhig, wir steigen ab.

Auf dem Weg zum Dorf verlassen uns die Soldaten ebenso unbemerkt, wie sie sich uns angeschlossen haben. Als wir

Collins' Auto sehen, gebe ich dem Mann im Overall das letzte Mal die Hand, darin das Trinkgeld. Ich kenne nicht seinen Namen, seine familiären Verhältnisse, ich weiß nicht, wie seine Zukunft aussehen wird. An diesem Tag weiß ich nur, dass er für mich da war, ein hart arbeitender Mensch, der jede Chance nutzt, weil er Geld zum Leben braucht. Er nickt uns schüchtern zu, lächelt, geht ins Dorf.

»Und wie war's?«, fragt Collins, als wir zum Marktplatz Ruhengeris zurückfahren. »Wir haben das Gefecht im Kongo gehört«, antworte ich. Er schiebt den Rückspiegel so zurecht, dass er mich sehen kann, und nickt. Überrascht ist er nicht.

In zwei Tagen werden wir im ruandischen Gisenyi, der Stadt, die nur zwei Kilometer vom kongolesischen Goma entfernt am Kivusee liegt, die Flughunde in den Palmen beobachten. Wir werden ein älteres deutsches Pärchen treffen, das uns fröhlich erzählt, dass sie für den Besuch bei einer Gorillafamilie in der DR Kongo nur 400 Dollar bezahlen. Wir sind überrascht, dass sie den Besuch als problemlos bewerten. Ein Militärkonvoi wird sie aus Goma herausbringen und in einem Hotel im Wald abladen, das vor zwei Jahren noch von Rebellen besetzt war, die die Whiskybar leertranken. »Alles ist perfekt organisiert, überlegt es euch«, sagt der Mann beim Abschied.

Als wir zurück in unserer Unterkunft sind, reden wir über die Versuchung, in die DR Kongo zu reisen. Das Abwägen zwischen der Machbarkeit und ernstzunehmender Gefahr ist schwierig. Wir wollen möglichst die Grenzen ausreizen, die uns gesetzt sind, aber auch nicht unser Leben riskieren. Bisher haben wir fast immer festgestellt, dass die Gefahren, über die wir uns im Vorfeld informieren können, so groß nicht sind und sich eine Reise dennoch lohnt. Die Selbstverständlichkeit, mit der das Pärchen uns von seinem Plan erzählt, verwirrt uns.

An diesem Abend diskutieren wir mehrere Stunden lang, bevor wir uns gegen die Einreise in die DR Kongo entscheiden. Es ist seltsam, wie schnell uns das Abenteuerfieber infiziert, wie sehr wir uns gegen das Gefühl der Allmächtigkeit, gegen die Illusion von Kontrollierbarkeit, wehren müssen, die uns vielleicht in Deutschland in die Wiege gelegt wurde. Obwohl ich das Geräusch hörte, diesen langgezogenen Donnerhall, das Geräusch, das vielleicht das Ende eines Menschenlebens ankündigte, ist der Gedanke an den Krieg immer noch abstrakt.

Etwa zehn Monate nach unserer Entscheidung wird ein britisches Pärchen im Virunga-Nationalpark in der DR Kongo von Rebellen entführt. Dabei stirbt eine Rangerin, weil sie versuchte, ihre Gäste zu schützen, die Touristen überleben. Ich verurteile sie nicht. Ich bin mir sicher, hätte ich auf dem Visoke nicht den bewaffneten Konflikt gehört und hätte ich nicht die Stimmung erfahren, die an diesem Tag am Vulkan herrschte, wäre ich zwei Tage später ebenfalls in die DR Kongo gereist und hätte die Gorillas besucht.

MASSAI
LAND
JUICE
MIX

Tansania
Serengeti

Gelbes Gras weht unter einem milden Himmel an diesem Nachmittag im Juli. Eine Pavianfamilie tollt auf einem Sandweg herum, der uns hineinführen wird in die riesige Ebene, die nun vor uns liegt, die Serengeti. Das Wort ist aus der Sprache der Massai abgeleitet und bedeutet so viel wie »das endlose Land«.

Ich glaube, dass hier das stereotype Bild von Afrika als einem wilden und ursprünglichen Ort erschaffen wurde, die westliche Verklärung von glühenden Sonnenuntergängen und wandernden Gnuherden hier beginnt. Die Serengeti ist eine gewaltige Traummaschinerie, die Klischees produziert und um die ganze Welt schickt. Dieser Ort ist es, an den ich früher zuerst dachte, wenn ich das Wort Afrika in unpolitischem Kontext hörte. Und natürlich wurde er mir von Medienberichten, Buchcovern und Filmplakaten in den Kopf gepflanzt. Wenn eigene Erfahrungen fehlen, bleiben historische Bilder mächtig und bestehen fort. Sean Jacobs, Professor in New York und Gründer und Herausgeber des Blogs mit dem satirisch gemeinten Namen *Africa is a country*, glaubt, dass die meisten Romancover, die Afrika behandeln, von der Vorstellung herrühren, die der Film *Der König der Löwen* bei uns hinterlassen hat. Schirmakazie, Savanne und Sonnenuntergang sind verkaufsstarke Motive, selbst wenn es um afrikanische Länder geht, in denen es weder Schirmakazien noch Savannen gibt. Der Tierschützer und Tierfilmer Bernhard Grzimek fachte mit seiner oscarprämierten Dokumentation *Serengeti darf nicht sterben* (1959) das Bild vom weiten und ursprünglichen Afrika mit seinen letzten großen Steppentierherden an. Auch in mir erzeugt das Wort Serengeti Bilder, Gefühle und Sehnsüchte, die ich erforschen will.

Deshalb stehe ich nun hier, mittendrin in diesem Tierparadies, im vielleicht bekanntesten Nationalpark der Welt, auf einem plattgetretenen Stückchen Erde und versuche angestrengt, Metallheringe mit einem Stein in den trockenen Boden zu treiben. Das Militärzelt, das wir im Park bei einer Ausgabestelle im Nirgendwo ausgeliehen haben, ist in schlechtem Zustand. Etwas schief wankt es im leichten Wind auf einem Campingplatz, der lediglich deshalb so genannt wird, weil etwa fünfzig Meter entfernt ein kleines befestigtes Toilettenhäuschen sowie eine halboffene Küche mit einem umgitterten Essplatz steht, der an einen Käfig erinnert. »Gibt es eigentlich einen Zaun um das Camp?«, frage ich Protty unbekümmert, als er im Dämmerlicht zu uns kommt, um uns zu sagen, dass wir morgen gegen fünf Uhr Kaffee trinken werden, bevor wir zum ersten Gamedrive aufbrechen. Lachend hält sich unser Guide den Bauch. »Wir sind in der Serengeti, hier gibt es keine Zäune.« Dann breitet er die Arme aus und verkündet: »Alles um uns herum ist Natur, hier sind wir die Eindringlinge.«

Noch erscheint es mir unwirklich, dass wir inmitten von Löwen, Hyänen, Büffeln ein Zelt aufschlagen, ein jämmerliches noch dazu, das uns davor bewahren soll, niedergetrampelt, aufgefressen oder zerfleischt zu werden. »Nach dem Abendessen solltet ihr ein letztes Mal auf die Toilette gehen. Unter keinen Umständen dürft ihr nachts aufstehen und das Zelt verlassen«, weist uns Protty mit theatralisch erhobenem Zeigefinger an. »Und im Zelt sind wir sicher?«, frage ich amüsiert und denke dabei an die dünne Plane, die uns von den Tieren trennen soll. Protty kommt einen Schritt näher. Mit weit geöffneten Augen und leicht erhobenen Augenbrauen weiht er uns in seine persönliche Erkenntnis ein: »Wisst ihr, die Tiere haben eine hervorragende Vorstellungskraft. Sie glauben, dass das Zelt etwas Großes und Festes ist, wie ein Stein. Daher lassen sie es in Ruhe.« Etwas ungläubig nicke ich mit dem Kopf. »Hoffentlich wissen die Tiere auch, dass sie das glauben sollen«, murmele ich auf Deutsch vor mich hin. Dann wendet sich Protty ab und ruft uns noch einmal zu: »Geht nachts nicht auf die Toilette, auf keinen Fall!«

Hier liegen wir also, in einem unförmigen Zelt, das zu viel Angriffsfläche für den Wind bietet, der in dieser Nacht zunehmend stärker werden wird. Zwei der Heringe, die wir in die Erde gehauen haben, sind bereits gelöst, mit meinem Gewicht halte ich das Zelt am Boden. Die Nacht ist schwarz und lang. Draußen wehen fremde Geräusche über die Ebene, die Gräser rauschen, Blätter rascheln, kleine Tiere flitzen im Lager herum. Aus einiger Entfernung brüllt etwas in die sternlose Nacht. War das ein Löwe? Ich muss Timon in der Nacht häufiger wecken, da ich die Anspannung nicht aushalte, obwohl ein kleiner Teil von mir diese Art der Schlaflosigkeit genießen kann. Dann ist es endlich fünf Uhr, die letzte

Stunde der Nacht. Vorsichtig öffne ich das Zelt, atme die frische Luft ein, schaue mich um, spähe in die Ferne, keine Tiere in Sicht. Fünfzig Meter bis zum Toilettenhäuschen, das schaffe ich! Ängstlich schaue ich in die wenigen Kabinen und erwarte, mich einem Löwen gegenüber zu sehen oder zumindest einer Hyäne. Doch an diesem grauen Morgen bin ich die Einzige mit meiner Zahnbürste. Und noch während eine kleine Schabe an der Wand des stinkenden Toilettenhäuschens entlanghuscht und das Dunkel sucht, verwandelt sich die nervöse Anspannung mit dem ersten schummrigen Tageslicht in Neugier.

Der Fahrtwind im offenen Safariwagen ist kalt, die Kegel der Scheinwerfer zittern im staubigen Sand der Fahrbahn. Ein Schakal rennt über die Piste ins Gras hinein, bleibt stehen und starrt uns hinterher. Nach nur wenigen Minuten stoppen wir, vor uns windet sich ein kleiner Fluss durch die Steppe. Palmen kleiden seine Ufer in üppiges, exotisches Grün, das im heller werdenden Licht an Kraft gewinnt. Dann trifft der erste Sonnenstrahl die Szenerie, Konturen werden schärfer, klarer und plötzlich erscheint zwischen Büschen und Bäumen ein Löwenpaar, das sich im Morgengrauen seine Zuneigung zeigt. Die ockerbraune Mähne des Männchens verrät, dass es endlich erwachsen geworden ist. Ein blutiger, tiefer Schnitt über seiner Nase lässt ahnen, dass er vielleicht um das Weibchen gekämpft hat, das ihn jetzt als Sieger akzeptiert. Die Sonne liegt nun auf meinem Gesicht, im Gegenlicht sehe ich das Blinken der kleinen Insekten, die durch die Luft schwirren und gen Himmel schweben. Die Grashalme glänzen rotgolden im Meer der Savanne, und in diesem Augenblick verstehe ich, dass die Traummaschinerie Serengeti tatsächlich meine Vorstellungen, Wünsche, Utopien nimmt, sie in die Wirklichkeit entlässt und mir nun stolz präsentiert. Die Magie, sie ist hier, sie liegt vor mir, im Massai-Land.

Ich sehe abgebrannte Bäume, die einsam auf trockenem Gras stehen, während ein Geländewagen auf einer schmalen Piste Staub aufwirbelt, der wie Dunst über der Landschaft hängt, dahinter, in der Ferne, schweben vier Heißluftballons über die Steppe. An einem schlammigen Wasserloch liegen dutzende Flusspferde nebeneinander, aufeinander und gähnen mit riesigen, hauerartigen Eckzähnen den Quellwolken entgegen. Am Horizont erblicke ich eine Herde Zebras und versuche, die einzelnen Tiere aus dem schwirrenden Schwarz-Weiß-Chaos herauszufiltern. Ihre Streifen verschmelzen in der Masse. Davor wackeln Warzenschweine lustig über das Gras, und Protty klärt uns darüber auf, warum dem Warzenschwein im Film *König der Löwen* der Name Pumbaa gegeben wurde, der in Kisuaheli so viel wie »unüberlegt« bedeutet. »Wenn ein Warzenschwein von einem Löwen gejagt wird, dann läuft es natürlich so schnell es kann. Aber«, er legt eine bedeutungsvolle Pause ein, »das Warzenschwein ist so dumm, dass es sich mittendrin fragt, warum es eigentlich rennt. Es hat den Grund vergessen! Also bleibt es einfach stehen und zack«, dabei klatscht Protty kraftvoll in die Hände, »hat der Löwe an diesem Tag seine Mahlzeit erwischt.«

Wir erleben in der kurzen Zeit, wie drei Junglöwen ein Flusspferd angreifen, sich auf seinem Rücken festkrallen und doch wieder von ihm ablassen müssen, als es panisch in seinen Tümpel läuft und untertaucht; wir beobachten eine weitere erfolglose Jagd auf einen einsamen Büffel und finden eine Löwenfamilie, die ein blutiges Zebragerippe abwechselnd vor sich herträgt. Wir sehen ein Straußenpaar in der Erde picken, etliche Gazellen und Antilopenarten über die Ebene springen, Giraffenhälse aus Büschen herausragen und Erdmännchen nach Feinden Ausschau halten. Elefanten ruhen unter Bäumen im Schatten und Stahlblaue Felsenagamen hocken auf Steinen. In großer Entfernung streift ein Gepard über die Savanne, während ein Klippenspringer seine stolze Position einnimmt. Ich staune sogar noch, als plötzlich unzählige Geländewagen vor einer felsigen Insel in der Graslandschaft auftauchen und darauf warten, dass ein im Schatten dämmernder Leopard sich endlich von seinem gemütlichen Fleckchen wegbewegt. Die Menschen, die sich hier versammeln, sich lachend zuwinken, ihre Freude teilen, auf verschiedenen Sprachen sich begrüßen, wollen nur eins: einmal im Leben einen Leoparden, ein Flusspferd, eine Giraffe, ein Zebra, ja, die letzten großen Säugetiere in freier Wildbahn erleben. Und der Zauber ist vielleicht deshalb umso stärker, weil viele von uns, das glaube ich zumindest, aus einer Welt stammen, in der die Natur vor vielen Jahrzehnten größtenteils verdrängt wurde. Das Skurrile daran ist nur, dass dies für einen Wohlstand geschah, der uns jetzt erlaubt, fernab von Zuhause einen Ort zu besuchen, der uns die Vielfalt der Erde hautnah erleben lässt, der uns Demut lehren sollte und uns nicht deutlicher beibringen kann, was

Protty längst weiß: Hier sind wir die Eindringlinge, hier müssen wir uns unterordnen!

Leider wird auch dieser Tag enden. Eine einsame Hyäne läuft der schnell sinkenden Sonne, einem rotglühenden Savannenlicht entgegen. Der Höhepunkt der Romantik, des Kitsches, des Afrikaklischees steht kurz bevor. Zum krönenden Abschluss wird meinen Gedanken auch diese letzte Traumvorstellung entrissen und mir hier mit voller Wucht vor die Augen geschoben. Wenn am Tagesende das Savannengras seine Durchlässigkeit zurückerlangt und die Halme in der Ferne wie ein sanfter Teppich in die Unendlichkeit schweben, wenn die dunklen Konturen der Schirmakazie vor einem feurigen Himmel stehen und schwarz-rote Wolkenberge die Dramaturgie steigern, dann weiß ich: Es gibt keine Worte, die ausreichend Theatralik, Melancholie oder Sehnsucht heraufbeschwören, die das Zauberbild annähernd ausmalen könnten, das ich an diesem Tag im Massai-Land erleben darf.

Mir ist die Verantwortung bewusst, die ich beim Reproduzieren von afrikanischen Klischees habe. Doch ich kann nur wiedergeben, was ich gesehen, entdeckt, wie ich die Schönheit in der Serengeti empfunden habe. Natürlich fehlen entscheidende Gedanken, die erst im heimatlichen Wohnzimmer auftauchen, weil sie in der Serengeti, die Sehnsüchte und Träume abseits meines Alltags abbildete, keinen Platz hatten: Ich habe leider keinen Menschen vom nomadischen Volk der Massai gefragt, ob er Trauer beim Anblick der Weite empfindet, weil seine Rinderherden nicht mehr weiden dürfen, er hier nur sehr eingeschränkt, manchmal gar nicht leben darf. Auf einem Gebiet, das sich über Teile Kenias und Tansanias erstreckt, sind die Massai seit Jahrhunderten beheimatet. In unterschiedlichen Entwicklungsprogrammen haben jedoch sowohl die tansanische als auch die kenianische Regierung versucht, die traditionelle Lebensweise der Massai zu ändern, sie sesshaft zu machen und damit ihr Land stark einzugrenzen. Der Naturschutz, für den sich Grzimek lebenslang stark machte und der teilweise dafür verantwortlich ist, dass dieses Tierparadies heute noch existiert, hat oberste Priorität. Denn mit der tansanischen Serengeti und dem angrenzenden kenianischen Nationalpark Massai Mara verdienen die beiden Länder Millionen. Die Massai hingegen, die ihre Viehherden ebenfalls in diesen Gebieten weiden lassen müssen, machen damit den Wildtieren den Lebensraum streitig. Also wurden sie großer Flächen des Nationalparks verwiesen, ihr Vieh vertrieben oder getötet, schlicht von ihrer endlosen Ebene verbannt. Ich weiß nicht, ob die Tatsache, dass die jungen Männer der Massai keine Löwen mehr töten, um erwachsen zu werden, erleichtert oder bestürzt. Und wahrscheinlich empfindet es jeder Massai-Junge anders. Ich finde die Diskussion darüber sehr schwierig, ob eine Schnellstraße durch die Serengeti gebaut werden sollte, um die Gebiete westlich des Parks an den Rest des Landes anzuschließen. Als Biologin denke ich an den Erhalt eines einmaligen Ökosystems, an die letzten Lebensräume dieser Welt, in denen Gnuherden wandern, Löwen sich im Schatten räkeln oder Giraffen ihre Kälber hüten. Als Mitmensch sollte ich auch darüber nachdenken, inwieweit der Zugewinn an Infrastruktur den Bewohnern eines Landes hilft, in dem im März 2020 laut dem Bundesministerium für wirtschaftliche Zusammenarbeit und Entwicklung etwa ein Drittel der Bevölkerung unter der Armutsgrenze lebt und beinahe die Hälfte aller Menschen weniger als 1,90 US-Dollar am Tag zur Verfügung hat. Es ist so leicht, mich für den Naturschutz auszusprechen, wenn er Tausende von Kilometern von meiner Haustür entfernt stattfindet und mir persönlich keine Entbehrungen abverlangt. Egal, wie ich es betrachte, es scheint keine einfache Lösung zu geben.

Deshalb ziehe ich mich zurück zu meinem subjektiven Erleben. Und alles, was ich erkannt, was ich gefühlt, gesehen, erlebt habe, ist das: Ich kann jetzt endlich verstehen, wie die romantischen Träumereien von der Ursprünglichkeit dieses Ortes von hier in die Welt getragen werden, wie diese Klischees scheinbar ein Eigenleben entwickeln. Auch ich war trunken von süßem Wind und rauer Erhabenheit, von betörend-schlaflosen Nächten und sorgloser Neugier und glaube nun, dass es tatsächlich diesen Ort gibt, der scheinbar zwischen Traum und Realität existiert. Ich habe mich selbst über den inneren Frieden gewundert, der so frei das Herz berührt, als ich inmitten der allmächtigen Natur stand und sie mich mit nur einer Sache zurückließ: einem stillen Staunen.

Thanks God
COACH
BOOKING OFFICE

DAS WUNDER VON LOLIONDO

Tansania
Loliondo

Im September 2010 kam ich nach Daressalam und ging erst im August 2011 wieder. In der Zwischenzeit lernte ich in einer NGO etwas über HIV-Prävention. Während ich in der Stadt am Meer schwitzte, in einer fremden Kultur versank und zu verstehen versuchte, wie diese Gesellschaft funktionierte, verkündete ein tansanischer Pastor am anderen Ende des Landes, dass er ein Heilmittel gegen Krebs, Malaria, Diabetes und vor allem Aids gefunden habe. Gott sei ihm in vielen Träumen erschienen, so erzählte er, und habe ihm einen Baum gezeigt, aus dessen Wurzeln er Medizin herstellen solle, solange die Menschen nur in sein Dorf kämen und glaubten. Keiner konnte ahnen, welche Ausmaße die Worte des alten Mannes annehmen würden.

Sie nannten ihn Babu, das im Kisuaheli eine Bezeichnung für Großvater ist. Er war der Babu aus Loliondo, und die Menschen waren bereit, an ein Wunder zu glauben. Ihr Wispern wurde immer lauter, bis schließlich ganz Tansania aus Leibeskräften nach dieser als Tee verabreichten Gottesmedizin schrie. Allmählich leerten sich die Krankenhäuser, Angehörige entließen Todkranke, um sie nach Loliondo zu bringen. Es wurden Regeln aufgestellt, um das Chaos zu bändigen: Gott heile nur diejenigen, die sich nacheinander anstellen und warten, die den Tee von Babu in seinem Dorf erhalten, die anschließend jegliche weitere Medizin verweigern.

Geschichten von Heilungen verbreiteten sich rasant, denn zu viele profitierten von der menschlichen Verzweiflung. Händler verkauften Essen und Trinkwasser, Busunternehmen wurden gegründet, selbst das Handynetz expandierte: Airtel und Vodacom bauten Funkmasten im Niemandsland. So kam es, dass sich im März 2011 eine über dreißig Kilometer lange Autoschlange durch eine Landschaft im Norden Tansanias wand, die vorher nur als Fleck auf der Landkarte zwischen großen Namen existierte hatte: Ein paar Kilometer weiter nördlich liegt die kenianische Grenze, im Osten thront der Kilimandscharo, im Südosten befindet sich der Natronsee mit dem heiligen Berg der Massai – dem Ol Doinyo Lengai. Tief im Süden wird Loliondo vom Ngorongoro-Krater abgeschirmt, einem irdischen Paradies, in dem sich alle Tiere der Savanne versammeln. Im Westen umhüllt der berühmteste aller tansanischen Namen, die Serengeti, Babus Dorf.

Doch in diesem Jahr erlangte es eine seltsame Berühmtheit: Millionen von Menschen traten zu einer Pilgerreise an, um das Stückchen Hoffnung, das Babu ihnen hingeworfen hatte, in Erlösung zu verwandeln. Die Kolonne der Verzweifelten, Kranken und Schwachen wuchs rasant an. Die Menschen verkauften Hab und Gut, um die teure und beschwerliche Reise auf sich zu nehmen. Kurz vor dem Ziel warteten die Gläubigen über zwei Wochen auf diese eine Tasse Tee, mehrere Tausend wurden tagtäglich ausgegeben. Ein ganzes Land war krank. Helikopter aus fernen Ländern landeten in dem Dorf, sie brachten Scheiche, hohe Politiker angrenzender afrikanischer Staaten, Amerikaner, Europäer; eben alle, die es sich leisten konnten, und solche, die nichts mehr zu verlieren hatten. Nebenher starben die Menschen am Wegesrand beim Warten und verwesten. HIV-infizierte Menschen, die ihre Medikamente für Gott abgesetzt hatten, siechten dahin, nachdem sie bei Babu gewesen waren. Autowracks übersäten die erdigen Schlammpisten und wurden beiseite geschoben.

Ein Jahr verging, die Geschichten über Heilungen verblassten langsam und die Zahl der Toten stieg stetig an. Also verebbte der Menschenstrom, und Loliondo wurde schließlich wieder von den Namen um sich herum verschluckt.

Ich glaube nicht an Allah, nicht an den christlichen Gott und auch nicht an den jüdischen. Und doch kehre ich sechs Jahre später nach Tansania zurück, um Babu zu besuchen, um den Menschen kennenzulernen, der so stark glaubt, dass er im Jahr 2011 zum Hauptfeind jener Arbeit wurde, die meine Kollegen und ich jeden Tag in der NGO verrichteten. Wir arbeiteten damals unter anderem in den Drogencamps der Stadt, erzählten den Kranken und Süchtigen, wie sich HIV verbreitet, wie sie verantwortungsvoll mit der Erkrankung umgehen können. Wir wurden von ihnen gefragt, ob sie nicht auch zu Babu fahren sollten. Doch da Gott sie schon verlassen hatte, brauchten wir nicht viele Worte, um sie vom Bleiben zu überzeugen.

Ich fahre auch nach Loliondo, um den Weg zu sehen, den Millionen von Menschen beschritten haben, um die Natur am Wegesrand zu bestaunen und die Geschichten zu hören, vor allem die Geschichten, die man sich erzählt.

Ich frage mich, ob die Menschen im Jahr 2011 Angst hatten, als sie wochenlang für den Tee anstanden. Zwischen Loliondo und der Serengeti existieren keine Zäune, Loliondo ist sogar als Game Controlled Area, als Schutzgebiet, ausgezeichnet, es gibt auch hier Wildtiere. Jährlich jagt in Loliondo die königliche Familie der Vereinigten Arabischen Emirate zum privaten Vergnügen, die Rechte dafür haben sie illegal erworben. 1993 deckte der Journalist Stan Katabalo dieses Unrecht auf und verschwand daraufhin unter ungeklärten Umständen. Die beheimateten Massai werden seit Jahrzehnten von Söldnern der Regierung vertrieben, ihre Hütten angezündet, ihr Vieh geschlachtet.

Als wir in Wasso, einem größeren Massaidorf, übernachten, beäugen uns die Menschen misstrauisch, sie haben über viele Jahre gelernt, dass es nichts Gutes bedeutet, wenn Ausländer kommen.

Am frühen Morgen fahren wir weiter. Heute werde ich den Ort sehen, an dem so viele Menschen beteten und hofften. Auf dem Weg suchen Massaikinder mit ihren Herden nach frischem Grün, Frauen waschen ihre Wäsche in den Flüssen, die wir mit dem Geländewagen überqueren müssen. Wir nähern uns nur langsam dem Ziel der Reise.

Und als ich nun kurz davor bin, Babu tatsächlich zu begegnen, bin ich seltsam aufgeregt. Ich habe so viel über ihn gehört, so viel über ihn gelesen. Ich will unbedingt wissen, ob Babu ein Hochstapler ist, ob er sich damals bereichern wollte, als er die Worte sprach, die der Arbeit meiner NGO so unvereinbar entgegenstanden.

Unser Geländewagen rollt in das Dorf im Niemandsland. Keiner weiß, ob Babu tatsächlich noch dort lebt, denn viele wollten in den vergangenen Jahren Vergeltung, Bestrafung für die Hoffnung, die er so verschwenderisch vergeben hatte. Vielleicht ist er geflohen, vielleicht still und heimlich gestorben? Die Kühle des Morgens ist verflogen, die Sonne steht hoch am Himmel, die Schatten werden kürzer. Ich weiß nicht, wie ich ihm gegenübertreten soll, was ich ihn fragen kann und was nicht. Selbst Protty, der Fahrer, der uns hergebracht und sich lustig über Babu, den alten Quacksalber, gemacht hat, steht nun ehrfürchtig vor dessen Zuhause, einer Lehmhütte, vor der überlebensgroß ein Porträt von Babu hängt, und fragt laut nach der Person, der sie bewohnt.

Babus Frau kommt heraus, ruft ihren Mann an und der, ungefähr achtzig Jahre alt, erscheint tatsächlich wenige Minuten später auf dem Rücksitz eines Motorrads mit einer Mörtelkelle in der Hand.

Wir sitzen vor seiner Hütte und reden, Protty übersetzt. Ich versuche, respektvoll zu sein, meine Fragen nicht zu kritisch klingen zu lassen. Ich höre nichts Neues, ich weiß schon alles, die Geschichten sind die gleichen, die man sich seit Jahren erzählt. Doch eine wichtige Sache erkenne ich jetzt. Wenn er spricht, sieht er aus wie ein liebevoller alter Mann, klein und sanftmütig. Seine Stimme ist mit ehrlicher Trauer belegt, seine Augen werden wässrig, als er über die unzähligen Toten spricht. Ich finde keine Habgier, keine verschlagenen Züge in diesem lieben Gesicht, ich glaube ihm. Ja, ich glaube, dass er seine Geschichte glaubt. Dafür wollte ich ihn sprechen, ihn sehen. Er sieht jünger und gesünder aus als noch vor sechs Jahren. Sein Gesicht ist prall und wach, die Abgeschlagenheit auf den Fotos von damals verschwunden.

Dann kommt die Prüfung. Babu denkt, dass wir gläubig sind, sonst wären wir nicht hier. Wenn mich in Tansania jemand fragt, welcher Konfession ich angehöre, denke ich mir jedes Mal etwas aus, denn keiner würde verstehen, dass ich nicht religiös bin. Trotz der großen Toleranz, die ich in diesem Land gegenüber Menschen jeglichen Glaubens beobachte, erzeugt Konfessionslosigkeit oft Unverständnis und Mitleid, sogar den Wunsch, mir einen Gott zuzuteilen, den Teufel auszutreiben.

Als Babu jetzt aufsteht und zu mir kommt, werde ich nervös. Ich habe kaum religiöse Bildung. Babu schaut uns in die Augen. Er lässt sich Zeit. Dann fragt er, was wir glauben, wo die ersten Menschen gelebt hätten. Schnell erzähle ich etwas vom Großen Afrikanischen Grabenbruch, der Wiege der Menschheit, dem Ursprung allen Seins. Mir ist vage bewusst, dass wir uns in ebenjenem befinden, in der riesigen Riftzone, die von Malawi bis Dschibuti reicht.

Es ist tatsächlich das, was Babu hören will. Ich atme auf. Babu kommt ganz nah und zieht ein Foto aus seiner Brusttasche. Jetzt werden wir eingeweiht. Auf dem Foto ist ein steinerner Fußabdruck abgebildet, der mit Pflanzenranken aus Plastik verziert wurde. Babu spricht leise, fast verschwörerisch. Ich muss mich anstrengen, ernst zu bleiben. Er verrät uns, dass er die Fußspuren von Adam und Eva entdeckt habe, dass das sein nächstes Wunder sei, dass die

Menschenmassen wiederkommen würden, um die Abdrücke zu bewundern, schon bald. Selbstverständlich sind wir herzlich eingeladen. Stolz hält er seine Mörtelkelle in der Hand. Es ist absurd, er baut Häuser mit dem Geld der Kranken für die zukünftigen Kranken. Er baut an einem Ort, an dem seit Jahren niemand mehr leben will, an dem es kaum etwas gibt, aber Babu will vorbereitet sein, also baut er.

Dann beten wir und trinken den Tee und nach gut zwei Stunden fahren wir weiter. Ich bin verwirrt und frage mich, ob meine Menschenkenntnis mich trügt, was hier eigentlich los ist. Ist der Mann verrückt? Oder gelangweilt? Braucht er ein wenig Gesellschaft und denkt er ernsthaft, dass hier jemals wieder jemand auftaucht?

Der Tee hat ihn reich gemacht. Es heißt, dass über vier Millionen Menschen bei Babu gewesen seien, vielleicht ein paar mehr, keiner kann es so genau sagen. Neben seiner Lehmhütte von damals steht ein bescheidenes Haus aus festem Stein. Es gibt keinen Prunk, keine teuren Geräte, die Toilette ist an den Landesstandard angepasst, den Großteil seines Geldes hat er gespendet.

Wir fahren nach Süden, auf der Piste, die damals viele der Menschen nahmen, die sich Heilung von Babu versprachen. Für eine Nacht schlafen wir am heiligen Berg der Massai und gehen vor Sonnenaufgang mit Tajeu, einem Massai, zu den Zwergflamingos, die am Natronsee brüten. Auf dem Weg begegnen uns Giraffen, Adler und diverse Fußspuren verschiedener Wildtiere. Diese karge Welt ist unglaublich, sie passt zu der melancholischen Stimmung, die uns befallen hat. Wir können uns nicht vorstellen, wie die Tiere hier überleben, wir können uns nicht vorstellen, wie eine riesige Autokarawane vor sechs Jahren auf genau diesem Weg entlangfuhr. Die Vulkanasche hat sich wie ein sanfter, grauer Teppich über die Landschaft gelegt, die *Enkangs* der Massai stehen in der Ferne, im Schatten ihres Berges. Nur selten bricht ein Baum aus der fahlen Erde hervor. Der Wind weht am Nachmittag den sandigen Staub in die Luft, er peitscht gegen unsere Gesichter und hüllt alles in einen Aschenebel ein, nur der Ol Doinyo Lengai ragt darüber hinaus.

Dann fahren wir weiter. Um das Auto toben Sandteufel, Zebras stehen unbeeindruckt auf der gelbgrauen Ebene, einzelne Flechten durchziehen wie kleine Inseln dieses Wüstenmeer. Immerzu reden wir über Babu, über die Menschen, die seinem Ruf gefolgt sind, über seinen Wahn, dass ein zweiter Menschenstrom kommen wird. Wir finden keinen Zugang zu diesem Phänomen, das sich im Jahr 2011 ereignet hat, wir reichen die Worte hin und her, wälzen sie um, betrachten sie aus allen Perspektiven. Dann verstummen wir, bis uns endlich der Lärm Daressalams wieder umgibt.

SPACE
ODDITY

Gabun
Lopé-Nationalpark, Lambaréné, Loango-Nationalpark

Die Nacht, dieses grüne Schwarz, umschließt den stampfenden Zug. Die Menschen kauern im Dämmerlicht auf ihren Sitzen und sind in bunte Tücher gehüllt. Sie hoffen, dass sich die Moskitos ein anderes Opfer suchen.

Es dauerte ein Jahrhundert - von der Idee bis zur Vollendung -, bis die transgabunesische Eisenbahn die Menschen von Libreville quer durch den Dschungel nach Franceville transportierte und spätestens dort, im hintersten Winkel des Landes, wieder entließ. Wir jedoch wollen vorher aussteigen. Mitten hinein in das kleine, von Regenwald überwucherte Land am Golf von Guinea soll es gehen. Nur knapp über zwei Millionen Menschen leben in Gabun, die Hälfte von ihnen in den drei größeren Städten Libreville, Port-Gentil und Franceville. Knapp zwei Drittel der Einwohner sind Christen, eine Minderheit von etwa zwölf Prozent bekennt sich zum Islam, der Rest und auch viele der Christen und Muslime praktizieren traditionelle Volksreligionen. Weite Landstriche sind menschenleer und Tourismus kaum vorhanden. Es wäre gelogen, würde ich abstreiten, dass die Unwegsamkeiten des Reisens, das Ungewisse, die wenigen Informationen, die ich im Vorfeld über Gabun finden konnte, meinen vielleicht naiven Entdeckergeist beflügeln. Die unglaubliche Artenvielfalt, der teils unerforschte Wald, der besondere Lebensraum, der den bedrohten Waldelefanten und prächtigen Flachlandgorillas ein Refugium schenkt, schüren meinen Wunsch, aufzubrechen und das Land zu erkunden. Vielleicht war das Bedürfnis, die großen Ökosysteme dieser Welt zu erleben, der Grund, warum ich Biologie studiert habe.

Mein Blick hängt jetzt am Fenster, obwohl ich absolut nichts sehen kann. Eine schwarze Masse wabert vor der Scheibe, ich weiß, es sind die Bäume, unberührt und uralt.

Selten zeigt ein Licht dort draußen, dass es hier noch Menschen gibt. Wir sind bereits auf Spurensuche. Der Zug hält für einen Augenblick, einzelne Gestalten steigen aus, steigen ein, ein Knirschen, ein Ruckeln, und der Zug schlängelt sich weiter am Fluss Ogooué entlang auf seiner nächtlichen Mission. Still und heimlich durchbricht er die unsichtbare Äquatoriallinie. Nur kurz danach erreichen wir gegen zwei Uhr morgens den kleinen Ort Lopé. Die schwüle Nacht schlägt uns entgegen, als wir auf das Gleis springen. Auf dem einsamen Bahnsteig brennt eine Lampe, darunter sitzt ein Mann, den Kopf auf die Brust gesenkt. Als wir uns nähern, erhebt er sich, er erwartet uns. Es ist Ghislain, unser Guide für die nächsten Tage.

Die Nacht ist kurz, die Geräusche der Tropen begleiten unseren Schlaf. Das Dorf Lopé liegt am Rande des gleichnamigen Nationalparks. Ghislain kommt zum Frühstück in unser Hostel, vor dem er uns nachts mit dem Jeep absetzte. Jetzt geht es los, doch Ghislains Bruder ist nicht da. Er soll uns mit seinem Wagen in eine Gorillaforschungsstation inmitten des Regenwaldes bringen, die 2009 aufgegeben wurde. Also sitzen wir am Frühstückstisch auf der Veranda und reden, trinken Kaffee, bewundern die Balzversuche eines Vogels, die Ignoranz des Weibchens, eine Wäscheleine mit weißen Hemden, ein kleines Mädchen, das auf der Straße nach der Hand der großen Schwester greift, den Wasserhändler von gegenüber, rauchende Männer im Schatten, dösende Geckos in der Sonne, die kochende Frau nebenan, und nichts passiert, über drei Stunden lang. Nein, es ist falsch zu sagen, dass beim Warten nichts passiert. Ein ganzer Mikrokosmos erschließt sich mir, meine Aufmerksamkeit wird auf etwas gerichtet, das ich sonst nicht wahrnehmen würde.

Es gibt auf Reisen unendlich viele Gründe, warum das Warten immer wieder die Fortbewegung unterbricht: Autopannen, schlechte Straßenverhältnisse oder Straßensperren, ein Elefant, eine Herde Kühe, ein schrecklicher Unfall, schlimmes Unwetter, die Lustlosigkeit des Fahrers. An diesem Morgen ist der Grund für unsere Verzögerung Ghislains verkaterter Bruder und seine eifersüchtigen Ehefrauen – ein ganz gewöhnliches Liebesdrama. Obwohl beide Brüder muslimisch sind, legen sie ihren Glauben unterschiedlich aus. Polygamie lehnt Ghislain ab.

Als nach drei langen Stunden endlich ein Auto kommt, sitzt ein Freund des Bruders darin. Er sammelt uns ein, wir müssen noch Proviant besorgen für die Tage, die wir im Dschungel verbringen werden. Auf der Schotterpiste warnt ein Schild vor Elefanten, darunter steht ein Mann mit hängenden Schultern und müdem Blick. Unser Auto bremst, der Mann, es ist Ghislains Bruder, steigt vorne ein und fängt an zu erzählen. Dabei hält er sich den schmerzenden Kopf.

Ehefrau 1 sei erbost, weil er die Nacht bei Ehefrau 2 verbracht und sich dort auch noch betrunken habe, obwohl sie selbst an der Reihe gewesen wäre. Das Umgangsrecht ist zwischen den Frauen klar vereinbart, jetzt wurde eine Regel gebrochen! Der Dschungel muss also warten, denn wir müssen einen Streit schlichten. Derweil amüsiert sich Ghislain, den wir bisher sehr ruhig und besonnen erlebten, über die Situation und kann sich vor Lachen nicht mehr halten. Er dreht sich zu uns um und zeigt auf seinen armen Bruder: »Ich sage euch, zwei Frauen, das ist double the trouble!« Dabei betont er genüsslich das Wortspiel. Sein Bruder nickt deprimiert: »Was habe ich mir nur dabei gedacht!«

Als wir beim Haus von Ehefrau 1 vorfahren, steht diese mit verschränkten Armen auf der winzigen Veranda und blickt böse drein. Unterwürfig schleicht ihr Mann zu ihr, um sich seine Schelte abzuholen. Als Ehefrau 1 zu uns herüberblickt und Ghislain ins Visier nimmt, legt unser Fahrer schnell den Rückwärtsgang ein: »Es ist besser, wenn wir ihnen ein wenig Raum geben, damit sie sich aussprechen können.« Also fährt er ein paar Häuser weiter zu seiner Familie. Dort steht eine barbusige Frau und wäscht ihre Bluse. Vergnügt schaut sie auf, als sie uns kommen sieht. »Zieh dir etwas an, verdammt noch mal«, schreit ihr unser Fahrer entgegen und steigt aus. Sie winkt lachend mit der Hand ab und wäscht weiter. Amüsiert von diesem unerwarteten Einblick in das Dorfleben, stellen wir fest, dass Muslime und Christen freundschaftlich miteinander leben und vor allem die Frauen das Sagen haben. Nach wenigen Minuten kehren wir zu Ehefrau 1 zurück und holen Ghislains Bruder ab. Als er einsteigt, verdreht er die Augen. »Im Wald, da hat man wenigstens seine Ruhe!« Einfühlsam klopft ihm Ghislain auf die Schulter. Der Wagen holpert auf der roten Sandstraße am Rande des Nationalparks entlang. Die nächsten zwei Stunden analysieren die Brüder die problematische Ehefrauen-Situation, während Timon und ich auf der Rückbank sitzen und gelegentlich verständnisvoll nicken. Winzige Dörfer und kleine Bananenplantagen ziehen am Fenster vorbei. Draußen wird der Dschungel immer dichter, wie eine massive Wand begleitet er uns am Wegesrand. Der Mensch wird in diesem Landesteil nur noch geduldet, muss sich einfügen, wenn er leben will.

Dann ist es so weit. Wir sind bis ins Landesinnere vorgedrungen und lassen jetzt auch die letzte von Menschenhand angelegte Schotterpiste hinter uns, der Wagen biegt ab, das Dickicht öffnet sich beinahe unmerklich und unser Gefährt findet erstaunlicherweise auf einem alten Pfad seinen eigenen Weg. Er diente einst dazu, Verpflegung zur alten Forschungsstation zu bringen. Immer wieder stoppen wir. Mit Machete und Menschenkraft bahnen wir unsere Spur, tragen kleinere Baumstämme zur Seite, es dauert. Zwei Schimpansen sitzen auf einem Ast und fliehen vor dem unbekannten Geräusch. Einzelne Sonnenstrahlen funkeln zwischen den Blättern hindurch. Und schließlich liegt sie in einer märchenhaften Verwunschenheit vor uns, die Forschungsstation, von der aus Ghislain als Fährtenleser über zehn Jahre lang Tag für Tag Gorillas aufspürte, von ihnen lernte, sie studierte, ihre Gewohnheiten erkundete. Einst lebte er hier, mittendrin, in all der Herrlichkeit. Ein gutes Dutzend kleiner auf Stelzen gebauter Holzhütten liegt auf einer Freifläche. Die Natur hat sie sich zurückerobert. Überall wuchern Pflanzen, Lianen umschlingen Pfeiler, Moose und Sträucher siedeln auf den Dächern, Insekten bewohnen das Innere. Wir entladen unser Auto, tragen Essen in die Gemeinschaftshütte und schlagen unser Zelt in einer der alten Holzhütten auf. Über die Jahre hinweg gesammelte Tierschädel von Schimpansen, Gorillas, Antilopen und sogar einem Elefanten liegen im Camp verstreut, ein Limettenbaum wächst zwischen den Hütten, hohes Gras bedeckt den Boden. Ghislains Bruder fährt mit seinem Wagen wieder ab. Und wir bleiben zurück, zu dritt. Wir sind allein mit der Natur, ohne Kontakt zur Außenwelt.

Drei Tage lang werden wir von hier aus aufbrechen und auf alten Elefantenwegen behutsam durch den Dschungel schleichen. Die Sinne sind gespannt, es knistert und raschelt, dann ist es wieder still. Das Blätterdach umgibt uns kilometerweit, schon nach wenigen Schritten sind wir orientierungslos. Äste klatschen in unsere Gesichter, doch die Machete leistet gute Arbeit. Immer wieder bleiben wir stehen und horchen, lauschen konzentriert, manchmal minutenlang. Winzige Bäche und wasserreiche Flüsse durchziehen wie feine Lebensadern den belaubten Boden. Ghislain erklärt uns flüsternd diese fremde Welt, macht uns auf Details aufmerksam. Er zeigt uns abgebrochene Blätter, die den Gorillas als Nahrung dienen. Wir folgen ihrer Fährte, währenddessen kreuzen die Spuren von Waldelefanten, Buschantilopen,

Krokodilen und Leoparden unseren Weg. Deutlich sind sie im schmalen Sandbett zu erkennen, das die Ufer der Bäche säumt. Die Ehrfurcht vor dem Wissen, das sich Ghislain in den Jahren im Dschungel aneignete, wächst schnell. Und trotzdem bin ich angespannt. Ich möchte die Tiere aufspüren, und dann doch wieder nicht. Denn was passiert, wenn wir ihnen begegnen?

Am Ende des ersten Tages entdecken wir hoch über unseren Köpfen kleine Affenhorden. Ghislain spricht ihre Sprache, es ist ein rührender Moment. Er schafft es, dass auch für uns der Wald vertrauter wird. Ich glaube, er ist ein Waldflüsterer. Er führt uns nicht bloß hindurch, er will uns lehren, er will, dass wir lernen, verstehen, deuten. Und das alles mit einer großen Verantwortung, die er für diesen Ort übernimmt.

Am zweiten Tag überschlagen sich die Ereignisse: Wir sind bereits fünf Stunden unterwegs und folgen gerade einem Bachlauf, als wir in einen Schwarm Kriebelmücken geraten. Als hätten sie auf uns gewartet, greifen sie uns an und beißen sich fest. Am Äquator kann dieses lästige Insekt den parasitären Fadenwurm *Onchocerca volvulus* übertragen und damit die Flussblindheit hervorrufen. Doch darüber werde ich mir erst später Gedanken machen. Jetzt überrascht uns der plötzliche Schmerz, Ghislain gibt das Signal zur Flucht, wir hasten durchs Gebüsch, am Bachlauf entlang, doch der Schwarm holt uns wieder ein. Wir müssen das Wasser verlassen! Hieb um Hieb um Hieb bahnen wir uns einen Weg durch das dichte Unterholz, die Kriebelmücken bleiben am Bachlauf. Wir kommen nur langsam voran, ein Schauer überrollt mich von dem stechenden Schmerz, ich habe Gänsehaut trotz der schweren Tropenluft, und für einen Moment vergessen wir, weshalb wir umherstreifen. Blutstropfen treten aus unseren frischen Wunden hervor, der Körper brennt. In unserer Eile sind wir zu laut, Timon hebt leicht den Kopf und entdeckt etwa dreißig Meter vor uns etwas Großes, Dunkles, Haariges, das sich vom Baum löst und sofort auf dem dicht bewachsenen Boden verschwunden ist. Ghislain hat es auch gesehen und schreckt zurück, seine Arme kreisen energisch über seinem Kopf. »Was ist los?«, will ich wissen. »Zwei weibliche Gorillas«, sagt er. Gorilla, das magische Wort, wir haben sie tatsächlich aufgespürt!

Ghislains Reaktion trifft uns unerwartet, wir können die Zeichen, die er sieht, noch nicht deuten. Wir sind zu unwissend, zu unerfahren. Er wiederholt nur ein Wort. *No, no, no!* Er dreht sich im Kreis, überlegt, was zu tun ist, welche Richtung wir einschlagen sollen. Wir starren ihn an, er ist nervös. Dann seine Entscheidung: »Wir müssen zurück, diesen Weg dürfen wir unter keinen Umständen weitergehen.« Noch bevor uns Ghislain das Problem schildern kann, gibt uns der Dschungel die Antwort. Aus den Tiefen des Waldes ertönt ein Urschrei. Ein Schrei, so markerschütternd, so beängstigend, so nah, dass die Stille, die danach herrscht, noch unheimlicher ist. Als hielte der gesamte Dschungel in diesem Moment den Atem an, als gäbe es keine Widerworte, keine Aufmunterungen, kein Flattern, Quieken, Säuseln oder Wehen.

»Das ist das Männchen. Und es ist sauer«, raunt Ghislain. Wir machen kehrt und hasten zum Bachlauf zurück, an dem wir unsere Umgebung wenigstens ein paar Meter weit überblicken können. Die Kriebelmücken sind längst vergessen. Dann ertönt der zweite Schrei.

Eine seltsame Panik steigt in mir auf. Ich fühle die Gefahr, doch ist sie unerklärlich abstrakt. Natürlich wäre es mir lieber, das Gorillamännchen wäre nicht so wütend, aber ich bin neugierig. Ghislain versucht, mit ihm zu kommunizieren. Ein dritter Schrei folgt. Er kann uns nicht verzeihen, dass wir so respektlos in sein Territorium eingedrungen sind, seine Weibchen aufgeschreckt haben. Dann kommt die scharfe Instruktion: »Falls er uns attackiert, müsst ihr stillstehen und nach unten schauen. Nicht bewegen! Er wird, kurz bevor er uns trifft, zur Seite wegspringen.«

Also stehen wir still, warten ab, hoffen und wissen immer noch nicht worauf, senken den Kopf und blicken heimlich umher. Völlig unerwartet knacken Zweige hinter uns. Ghislain dreht sich nervös um, schleicht in die Richtung, aus der die Geräusche kommen, und deutet schließlich mit dem Finger zu einem steilen Hang, der sich hinter dem Bachlauf aufwölbt. Wieder müssen wir unseren Standort verlassen. »Waldelefanten«, flüstert er und ich kann es kaum fassen. Stundenlang durchstreifen wir den Dschungel, sehen die Exkremente und Fußspuren dieser Tiere und werden dann zeitgleich von Gorillas und Waldelefanten umstellt!

Eilig klettern wir den Hang hinauf, zwängen uns durch das Gebüsch, die Machete ruht, wir haben keine Zeit. Einige Meter über dem Bach stoßen wir am Hang auf einen winzigen Trampelpfad und gehen parallel zum Bachlauf auf ihm entlang. Die Geräusche des Waldes hüllen uns wieder ein, geben uns Deckung, das Gorillamännchen hat uns ziehen lassen. Wir folgen dem Pfad um eine Kurve, und gerade als ich denke, dass wir wieder allein sind, stehen die gefährdeten Riesen plötzlich friedlich da, zwei Waldelefanten, Mutter und Kalb. Still und voller Demut dürfen wir sie beobachten, bis die Tiere wie von Zauberhand von den Zweigen des Waldes verschluckt werden und ich sie schon nach wenigen Schritten nicht mehr erkennen kann.

Am späten Nachmittag kehren wir zur Forschungsstation zurück. Wir ruhen uns aus, streifen durch die verlassenen Hütten und suchen nach Zeichen, die uns auf menschliches Leben an diesem Ort schließen lassen könnten. Doch wir finden nur eine zerfressene Matratze. Als ich aus einer morschen Fensteröffnung auf die Lichtung blicke, sehe ich Ghislain. Er kniet vor dem Limettenbaum auf einem Teppich und betet, ich wüsste gern wofür. Er beugt sich vor, seine Lippen bewegen sich stumm, ich schaue weg, will ihn nicht stören in der Verbindung, die sein Glauben ihn spüren lässt. Dieser Mann widmet sein Leben, seine Gegenwart dem Wald und den Tieren.

Die Nacht bricht herein. Wir kochen und essen bei warmem Kerzenschein, der in den Dschungel flackert und den Tierschädeln schaurige Schatten verleiht. Die Milchstraße leuchtet über uns, ich sehe sie, auf der kleinen Lichtung zwischen den Hütten der Forschungsstation stehend. Die langen Hemden und Hosen, die uns vor Insekten schützen sollten, haben wir abgelegt. Es ist sinnlos, die Ameisen, Raupen, etlichen beißenden Tieren mit einem Stück Stoff fernhalten zu wollen. Moskitos gibt es nicht. Als die Kerze fast erloschen ist, verkündet Ghislain, dass wir heute noch auf Nachtwanderung gehen werden, Krokodile suchen, denn ihre Augen leuchten so hell im Schein der Kopflampen. Dazu bräuchten wir lediglich Badesachen und Flipflops. Mir ist bewusst, wie wahnwitzig diese Vorstellung ist, doch ich habe ihn erlebt, diesen Waldmenschen, ich traue ihm, glaube an ihn, zu oft hat er mich in der kurzen Zeit beeindruckt. Als wir aufbrechen, geht Ghislain barfuß auf dem weichen Boden, er braucht nur sich und seinen jahrelang geschärften Instinkt.

Noch vor Mitternacht waten wir durch kniehohe Flussläufe. Die Augen von Buschantilopen blitzen durch die Blätter am Ufer hervor, Frösche quaken, warme Luft liegt über dem Wasser. In den Bäumen knackt es leise, ein Rascheln, ein Huschen, dann wieder Ruhe. Nach zwei Stunden geben wir unsere Suche auf und gehen am Ufer zurück. Plötzlich erscheint eine graue Wand vor uns. Ein Elefant, er erschrickt und läuft in eine andere Richtung davon. Die flüchtige Begegnung verpufft in der Nacht, als sei nichts gewesen. Hätte ich hier bereits gewusst, was uns auf dieser Reise noch widerfahren wird, welch prägende Begegnung uns nur wenige Tage später bevorsteht, dann hätten wir viele Entscheidungen vermutlich anders getroffen und Situationen neu bewertet.

Kurz danach hört Ghislain ein Fauchen. Wir bleiben stehen, horchen, weichen wieder zurück. Die Minuten vergehen, wir verharren, ich bin aufgeregt, doch Ghislain ist bei uns. Ein Fauchen im Dschungel klingt niemals beruhigend. Dann entscheidet sich Ghislain für den Mut. Er tritt dem Geräusch entgegen, sucht mit dem Lichtstrahl die Umgebung ab und findet zwei Schildkröten im Liebesakt. Erleichtert jubelt er auf. »Ich bin glücklich«, sagt er lächelnd und erzählt uns, dass er noch nie zwei sich liebende Schildkröten gesehen habe. Und diese Momente sind es, die unzähligen kleinen und großen Entdeckungen, die der Wald für uns bereithält, die das Vertrauen in diese grüne Welt noch weiter stärken und die auch mich dazu bringen, nun barfuß durch den Wald zu stapfen.

Es ist schon spät, als im schwachen Schein der Sterne die alte Forschungsstation wieder vor uns liegt. Und noch während ich einschlafe, ich wieder das Wasser an meinen Beinen spüre, mir den angestrengten Blick ins Dickicht vorstelle, denke ich, dass es in diesen Tagen nicht darum geht, Gorillas, Elefanten oder Krokodile aufzuspüren. Es geht darum, eine Verbindung zur Natur herzustellen, Achtsamkeit zu üben, geistesgegenwärtig zu sein. Es geht darum, sich am Käfer auf einem Blatt zu erfreuen, über die verworrenen Formen der Lianen zu staunen, das Grün zu riechen, ja, es geht darum, ein längst vergessenes Gefühl zurückzuerlangen, das Ghislain immer wieder in den Wald treibt und das Albert Schweitzer »Ehrfurcht vor dem Leben« nannte. »Ich bin Leben, das leben will, inmitten von Leben, das leben will«, hat er gesagt und ein Urwaldkrankenhaus in Lambaréné errichtet. Während ich erschöpft im Zelt zwischen all der Vielfalt, dieser gewaltigen Natur, eingeschlafen bin, weiß ich, dass ich die Bedeutung der

Wörter endlich spüre. Zwischen den Bäumen dieses Waldes war es Ghislain, der unbemerkt dafür gesorgt hat.

Es ist kurz vor Mitternacht, als uns Ghislain am nächsten Tag zurück zum Bahnhof in Lopé bringt. Obwohl sie längst schlafen müssten, begleiten uns seine beiden kleinen Kinder, sie freuen sich über das Wiedersehen mit ihrem Vater, nutzen jede Gelegenheit. Vorsichtig kuscheln sie sich auf seinen Schoß, an seine Schulter, als wir auf den Holzbänken auf den Zug warten. Der Zug kommt, wir verabschieden uns im Bahnhofslicht.

Um vier Uhr morgens steigen wir in Ndjolé aus und fahren mit dem einzigen Buschtaxi, das zu dieser Zeit am Gleis wartet, nach Lambaréné. Wir erreichen die kleine Stadt in der Dämmerung, morgendliche Dunstwolken schwingen in weichem Gelb über dem Wasser. Es ist ein Ort zum Verweilen, zum Ausruhen und Durchatmen. Eingehüllt in den zentralafrikanischen Regenwald liegt Lambaréné am größten Fluss des Landes, dem Ogooué. Er erschafft sich hier ein breites Becken, nur um sich dann wieder aufzuteilen und in verschiedenen Richtungen davonzufließen. Zwei Brücken verbinden die drei Sektoren dieser Flussinselstadt. »Wir wollen es versuchen«, bedeutet ihr Name in der Sprache der Galoa, des Volkes, das in dieser Gegend beheimatet ist.

Wir streifen durch die Stadt, sehen vor einem Supermarkt einen DJ, der die Stimmung anheizen soll, eine Werbestrategie des Ladens. Zwei Jungs tanzen zum Beat, selbstbewusst konzentrieren sie sich auf ihre Bewegungen, während zwei Frauen neben dem Laden ihr Gemüse und Obst verkaufen.

Am Nachmittag entdecken wir das geschäftige Gewusel der Fischer, deren Geschäft den Hauptwirtschaftszweig der Stadt bildet. Auf hölzernen Gestellen werden Fische getrocknet, verarbeitet und weggetragen. Ich glaube, dass es in dem Chaos eine Ordnung gibt, die ich nicht verstehen kann, und frage mich plötzlich, ob ich hier sein und ihre Betriebsamkeit unterbrechen darf, um eine Frage zu stellen. Unser Wunsch, diese einzigartige Flusslandschaft von ihren Kanus aus zu erkunden, stößt, als ich endlich frage und ein Angebot mache, auf Verwunderung. Was soll der Zweck eines solchen Ausflugs sein, wenn es nicht ums Fischen geht?

Doch wir finden einen Mann, der für diesen Tag zum Fremdenführer wird. Er stellt sich mit dem Namen Albert vor und ich schmunzle, weil mir der Bezug zu Schweitzer in den Sinn kommt. Vielleicht ist sein Vorname Zufall, vielleicht eine Hommage. Zunächst skeptisch, spürt Albert allmählich unsere Dankbarkeit. Wir haben keine Erwartungen, keine Forderungen, wir sind glücklich darüber, zu diesem Zeitpunkt genau hier zu sein. Während uns sein Kanu immer tiefer in die Verästelungen des Ogooués trägt, macht er sich seine neue Aufgabe zu eigen. Ein einsamer Fischer zieht an uns vorbei und Albert fragt ihn, was er seinen Besuchern hier nur zeigen könne. Der Angesprochene zuckt mit den Schultern, streckt einen Finger aus und sagt: »Dort, da ist ein Dorf.«

Alberts Bemühungen sind rührend. Er weiß nicht, dass die bloße Unbekanntheit dieses Ortes uns genügt. Als wir uns dem winzigen Dorf nähern, kommen die Bewohner zum Ufer. Wir dürfen anlegen, werden in Hütten eingeladen, alten

Männern und Kindern vorgestellt, zum Trinken des selbstgebrannten Schnapses überredet. Wir drücken Hände und tauschen Telefonnummern aus. Es ist eine nachmittägliche Begegnung, die bleibt. Sie zeigt einmal mehr, dass die Hürden des Sich-Kennenlernens mit nur einer Frage überwunden werden können.

Am nächsten Tag fahren wir zum berühmten Albert-Schweitzer-Spital, das dieser 1913 im damals französisch besetzten Gabun gründete. Ein kleiner Friedhof liegt in der Nähe des Flussufers, verlassene Boote werden sanft vom Wasser umspült. Andächtig stehe ich hier, am Grab Albert Schweitzers, und blicke in die Ferne. Eine schmale Treppe führt zum Ogooué. *Ehrfurcht vor dem Leben* war Schweitzers Lebensregel, und er schuf etwas Einzigartiges: ein Krankenhaus und ein Lepradorf, umgeben vom Urwald. Eine menschenwürdige Behandlung der Kranken war ihm wichtig.

Im Jahr 2018 wurde das Krankenhaus stillgelegt, das Personal streikt. Es heißt, dass der Staat es aufgrund wirtschaftlicher Probleme nicht mehr ausreichend bezuschussen kann. Niemand weiß, wie es weitergeht. Das alte Leben ist in diesen Tagen fast verschwunden. Das Gelände kann betreten werden, doch die Türen der Gebäude sind verriegelt. Flughunde bewachen in den Palmen zu Hunderten das Areal, ein paar Besucher schlendern wie wir durch das Dorf, auf der Suche nach dem Mythos, der hier wohnt.

In Lambaréné konnten wir ruhen, nun wollen wir weiter. Drei Tagesreisen später erreichen wir Gamba, weit im Süden von Gabun sind wir jetzt. Als der Bus an diesem Tag in einem Schlammloch zum Stehen kommt und wir keine weiteren Verkehrsmittel erspähen, sind wir etwas verwirrt. »Endstation«, sagt der Fahrer. Ein paar Männer hocken müde unter einer Plane, die vor einer Bar gespannt ist. Ein Mitfahrer erklärt uns, dieser Ort sei nachts zwar eine Bar, tagsüber jedoch der Busbahnhof von Gamba. Der einzige Hinweis auf einen geschäftlichen Betrieb ist ein gut gelaunter junger Mann, der vor seinem Quittungsblock sitzt und darauf wartet, endlich ein Ticket zu verkaufen. Unter ihm sind im lehmigen Boden alte Kronkorken festgetreten, der Geruch des nachts verschütteten Alkohols vermischt sich mit der stickigen Luft unter der Plane. Jean-René, ein Mann, mit dem ich bislang nur einmal telefonierte, soll uns abholen. Erst gestern schickten wir ihm das Geld, das er zur Organisation des Bootes und des notwendigen Benzins benötigte, mithilfe vieler freundlicher Gabuner: Zunächst baten wir eine Frau, mit der wir ein Buschtaxi teilten, um Übersetzungshilfe. Sie telefonierte mit Jean-René und erklärte uns endlich, warum er bereits vor der Tour Geld von uns haben wollte. Nachdem der Fahrer des Buschtaxis an etlichen kleinen Shops hielt, um den erforderlichen Dienst zur Geldüberweisung zu finden, nahm sich in Mouila, einer Zwischenstation, ein heiterer Mann namens Pierre unseres Problems an und brachte mich in seinem Privatauto zu einem kleinen Supermarkt, während Timon mit dem Gepäck am Busbahnhof in der Nähe wartete. Nur langsam gewöhnten sich meine Augen an das schummrige Licht, leise Rapmusik tönte durch die Regale. Am Ende eines mit

Fischkonserven bestückten Gangs saß ein älterer Mann mit drei Handys aus verschiedenen Epochen des digitalen Fortschritts. Er würdigte mich keines Blickes, streckte nur seine Hand aus. »Er will die Nummer haben«, erklärte mir Pierre. Hastig gab ich ihm den Zettel. »Jean-René?«, fragte der ältere Mann weiter. Ich bejahte. Nur wenige Sekunden später zeigte er mir eine SMS, mit der ich nichts anfangen konnte, und ich übergab ihm Geld im Wert von dreihundert Euro. »Jean-René kann jetzt auf das Geld zugreifen?«, wollte ich von Pierre wissen. »Natürlich«, sagte er prompt, »so macht man das hier.« Fröhlich fuhr er mich zum Bahnhof zurück.

Tatsächlich kommt Jean-René jetzt auf uns zu, er bringt uns in sein Büro und will schelmisch von uns wissen, warum wir so unzuverlässig sind. Er habe nicht mehr damit gerechnet, dass wir herkommen, so lange habe er auf sein Geld warten müssen. Wir entschuldigen uns und lachen etwas unbeholfen. Er bringt uns zum Boot, zu Ziko und Franc. Sie sind unsere Guides, mit denen wir die nächsten Tage verbringen.

Though I'm past one hundred thousand miles
I'm feeling very still

... singe ich in meinem Kopf, während das Boot endlich ablegt. Es wird uns nach Sette Cama tragen, in ein winziges Dorf am südlichen Zipfel des Loango-Nationalparks. Immer wieder geht mir in diesen Tagen das Lied *Space Oddity* von David Bowie durch den Kopf. Es wird der Song sein, den ich mit Gabun verbinde.

Zwar blicke ich nicht aus einer Weltraumkapsel ins All, jedoch ist die Umgebung für mich genauso unwirklich. Dichter Regenwald bewächst die Ufer und schützt vor eindringlichen Blicken, kleine Inseln schweben an uns vorbei, und bizarre Vögel kreisen über unseren Köpfen. Sie scheinen zu wissen, dass wir nicht hierhergehören.

Nach einer Stunde erscheint ein Dorf im tropischen Grün. Vielleicht ein Dutzend Häuser erstreckt sich entlang einer schmalen Landzunge, und wehmütig erzählt Ziko von seiner Kindheit an diesem Ort, an dem jetzt keiner mehr wohnen will. Die Abgeschiedenheit hat die Menschen dazu veranlasst, größere Städte aufzusuchen, der dichten Natur zu entkommen, die das Leben der Menschen hier immer wieder beherrschen will. Ziko erzählt von Krankheiten, von Nilpferden, die das Wäschewaschen am Fluss zum Wagnis werden lassen, vom Leoparden, der den einzigen Hund tötete. Erinnerungen werden auf das kleine Boot geschwappt, lange Blicke wandern über die Lagune, das Dorf zieht vorbei.

Der Wind streift mein Gesicht, trägt Zikos Geschichten an mein Ohr, lässt mich tiefer atmen. Ich bin dankbar, dass er uns einen so ehrlichen und persönlichen Einblick gewährt. Und obwohl ich Ziko und Franc gerade erst kennengelernt habe, weiß ich, dass wir bei ihnen für die bevorstehende Tour im Loango-Nationalpark gut aufgehoben sind – dem Ort, wo der Dschungel den Strand berührt.

Am nächsten Tag brechen wir vor Sonnenaufgang auf. Unser Boot fährt durch die noch frische Luft, es ist dunkel, nur am Horizont erahne ich einen Schimmer, bald wird es hell. Es ist ein Tag, an den ich mich immer erinnern werde. Es ist der Tag, an dem wir die Kontrolle über unser Leben verlieren.

Nach einer Stunde biegt das Boot in einen winzigen Seitenarm der Lagune ab. Äste peitschen uns entgegen, das Boot passt gerade so hindurch. Dann stoppt es, jetzt müssen wir aussteigen und über die Luftwurzeln der Mangroven klettern, um an Land zu kommen. Auf dem sumpfigen, matschigen Boden tummeln sich Hunderte kleiner Krebse, die ihre zarten Scheren in die Luft strecken, leise klacken, drohend und warnend, als wüssten sie bereits, was geschehen wird. *Now it's time to leave the capsule, if you dare,* singe ich weiter und fühle mich lebendig.

Routiniert startet Ziko die Tour an Land mit einer Sicherheitseinweisung und erklärt, wie wir uns im Notfall verhalten müssen. Innerlich schmunzele ich, glaube ich nicht, dass mir etwas geschehen wird. Später werde ich mich fragen, wie dieses falsche Sicherheitsgefühl entstehen kann. Das Boot lässt uns zurück, es fährt die Lagune entlang Richtung Meer. Unsere Truppe setzt sich endlich in Gang, wir werden acht Kilometer durch den Regenwald marschieren und am Strand zurück zum Boot laufen, während wir darauf hoffen, dass Büffel, Elefanten, Flusspferde oder sogar Gorillas zur Abkühlung aus dem Wald kommen und in den Wellen baden.

Die Sonne steht am Himmel, doch es dringen kaum Strahlen durch das dichte Blätterwerk der uralten Baumriesen, es bleibt dunkel. Wir laufen auf Trampelpfaden, die sich durch den Dschungel schlängeln. Ziko geht voran und muss immer wieder Büsche und Zweige mit seiner Machete bearbeiten. Es kommt mir unwahrscheinlich vor, dass sich Elefanten tatsächlich in diesem Dickicht fortbewegen, nur die Dunghaufen, die wir regelmäßig entdecken, deuten auf die Anwesenheit dieser Tiere hin. Wir schrecken eine Familie von Rotkopfmangaben auf, einer gefährdeten Primatenart, die nur im mittleren Afrika lebt. Ungefähr dreißig Tiere huschen über den Boden und verschwinden wieder zwischen den Wurzeln der Mangroven.

Leise knacken die Zweige unter unseren Füßen. Schon bald hat diese Wanderung etwas Meditatives: Die Sinne werden geschärft, sie konzentrieren sich auf jede Bewegung, jeden Laut, jeden Schritt. Alle hundert Meter halten wir an, um zu lauschen, um innezuhalten, den Wald in uns aufzusaugen, den wir in diesem Moment mit den Tieren teilen dürfen. Stille.

Dann öffnet sich der Waldboden. Hier fängt das Sumpfgebiet an, wir müssen aufpassen, wo wir hintreten. Und trotzdem will ich wissen, wie sich der Sumpf unter mir anfühlt. Also stelle ich meinen Fuß auf die matschige Fläche: Es ist nicht abzustreiten, man versinkt hier buchstäblich im Boden. Wir springen von Wurzel zu Wurzel, hangeln uns an den Bäumen entlang und versuchen, mit totem Holz einen Weg zu legen. Nach einer halben Stunde haben wir auch diesen Abschnitt überwunden, doch in der Ferne hören wir die Anzeichen eines aufziehenden Gewitters. Ziko wird nervös; ein Gewitter im Regenwald ist wegen vielleicht herabstürzender Äste sehr gefährlich. Wir legen an Tempo zu. Absichten ändern sich: Wir wollen keine Tiere mehr finden, sondern unbeschadet aus dem Wald herauskommen. Der Regen bricht über uns herein. Nach fünf Minuten sind nicht nur wir komplett nass, auch der Waldboden gleicht einem See. Ich bin froh, dass wir den Sumpf schon hinter uns haben. Die Stille hat sich in Krachen und Rauschen verwandelt. Wir schlittern im Lauftempo die letzten zwei Kilometer aus dem Wald heraus und erreichen schließlich den Strand. Dieser Augenblick sollte majestätisch sein, doch er wirkt bedrohlich. Feingliedrige Blitze treffen auf das schwarze Meer, Donner durchdringen die Luft, dunkle Wolken hängen schwer über unseren Köpfen, ich sehe das Ausmaß der Gewitterfront. Ich kann mir nicht vorstellen, dass die Freifläche am Strand sicherer ist als der Regenwald. Einstimmig verzichten wir auf unseren Lunch, es ist besser, direkt zum Boot zu gehen.

Triefnass waten wir durch den matschigen Streifen Wiese, der den Strand vom Regenwald trennt. Wegen des Gewitters ist mit Tieren eigentlich nicht zu rechnen, doch plötzlich sehen wir in der Ferne graue Punkte. »Büffel«, meint Ziko. Ich bleibe stehen, gehen wir jetzt einfach so weiter? Ich erinnere mich daran, dass letztes Jahr in der Serengeti ein Büffel unseren Geländewagen gejagt hat. Wir sind zu Fuß, aber das wusste ich ja vorher. Ich spüre meine Verletzbarkeit. Langsam schleicht sich die Realität in mein Bewusstsein ein. Na gut, dann eben weiter zu den Büffeln. Ziko erzählt, dass die Tiere in den Wald zurückkehren, wenn sie Menschen wittern. Tatsächlich hat er recht: Wir kommen, die Büffel gehen.

Nach ein paar Minuten erscheinen Buschschweine auf der Wiese, wir kauern uns hin und beobachten, wie sie fressen, während das Unwetter noch immer über uns wütet. Wir marschieren weiter, immer wieder wechseln wir zwischen Wiese und Strand. Die nassen Sachen erschweren das Gehen im Sand. Ich bin schon müde und falle auf einem glitschigen Felsen längs hin, mein Kopf tut weh, doch außer ein paar Schürfwunden geht es mir gut. Mein Körper hat sich jetzt langsam an den kalten Regen und den Wind gewöhnt, der über das Meer zum Land fegt.

Abrupt bleibt Ziko stehen und deutet mit dem Finger auf den nur wenige Meter entfernten Waldrand. Ein riesiger Elefantenrücken kommt zum Vorschein; Blätter rascheln, er frisst, hat uns noch nicht entdeckt. In gekrümmter Haltung schleichen wir näher heran, Ziko und Franc wollen herausfinden, ob es mehrere Tiere sind. Zwischen den Ästen blitzen unerwartet riesige Stoßzähne auf, mein Herzschlag setzt aus. Ansteigende Panik befällt mich. Ich will weg! Ziko und Franc tuscheln. Ich schaue Ziko fragend an, während sich Franc von unserer Gruppe löst und weitergeht. »Wir müssen schauen, wie der Elefant reagiert, er könnte aggressiv sein. Franc will austesten, was passiert, wenn er uns bemerkt.«

Die Worte steigen lose in die Luft, mein Puls beschleunigt sich. Franc steht nun etwa fünfzehn Meter voraus und gibt Ziko ein Zeichen. Wir kauern immer noch in unserer Position und warten. Franc schleicht sich noch ein Stückchen weiter am Elefanten vorbei. Und dann ist es zu spät. Der Wind dreht.

Plötzlich brechen mammutähnliche Stoßzähne, kleine stechende Augen und der massige Körper aus dem Dickicht hervor, ein Gigant aus einer anderen Welt erscheint. Er riecht Franc, jetzt auch uns und schlägt mit seinen Ohren bedrohlich hin und her. Er zögert nicht, stürmt uns entgegen. Dann höre ich das Wort, vor dem ich am meisten Angst habe. »Rennt!« In Zeitlupe dreht sich mein Kopf vom Elefanten weg zum tobenden Meer, von dem wir hoffen, dass es den Elefanten abschrecken wird. Dazwischen liegt eine Menge Sand, der Elefant ist zu nah, denke ich, und renne. Der Elefant dicht hinter uns.

Ich spüre, wie der Sand unter meinen schweren nassen Boots nachgibt, ich komme kaum vorwärts – vier Menschen versuchen, auf dem kürzesten Weg in die vermeintlich rettenden Wellen zu laufen, jeder rennt um sein Leben. Der Strand ist plötzlich so breit, das Meer so weit weg. Im Augenwinkel sehe ich, wie Ziko mit seiner Machete in den Sand fällt. Franc reagiert und schreit den Riesen aus Leibeskräften an. Der Elefant visiert ihn und schleudert Sand mit seinem Rüssel. Er weiß nicht, auf wen er sich fokussieren soll. Das ist Zikos Rettung. Er springt auf und läuft weiter. Meine Beine sind schwer, ich bin noch immer nicht im Meer. Das Blut rauscht durch meinen Körper, es vermischt sich mit dem Rauschen des Meeres. Mein Herz dröhnt, es donnert in mir und über mir. Ich kann es nicht fassen, dass ich in diese Situation geraten bin, es nicht begreifen. Warum sind wir darauf nicht vorbereitet?

Meine Füße berühren den schäumenden Ozean, hohe Wellen peitschen mir entgegen. Ich blicke zum Strand, ich sehe keinen reglosen Körper und beginne wieder zu atmen. Vor uns im Sand bäumt sich der Elefant auf, das sonst so sanfte Tier ist im Todesrausch. Es will sich nicht verteidigen, es will töten. Ziko und Franc imitieren mit Handbewegungen einen Elefantenrüssel, sie brüllen und schreien, der Elefant tänzelt im Sand, haut seine Stoßzähne tief in ihn hinein und keiner weiß, was geschehen wird. Die Melodie kommt zurück. *There is nothing I can do.*

Ich überlasse mich dem Geschick der beiden Guides und drehe mich zum Horizont, dem Sturm entgegen. Schäumende Wellen umspielen meinen Oberkörper. Und ich weine. Kurz und heftig. Dann erinnere ich mich daran, dass ich noch funktionieren muss. Das Lied in meinem Kopf begleitet mich. *This is ground control to Major Tom.* Die Tränen verschwinden im Regen und im Meer, ich habe eine gute Tarnung.

Zwar ist der Elefant jetzt bis zur Wiese zurückgewichen, doch seine wütenden Augen starren uns an. Ich atme für einen kurzen Augenblick auf, bevor ich verstehe: Der Kampf ist noch nicht vorbei.

Da das rettende Boot an der Mündung wartet, an der die Lagune das Meer berührt, und wir am Elefanten vorbei müssten, falls wir im Dschungel Schutz suchen wollten, haben wir keine Wahl, wir müssen weiter geradeaus. Doch der Elefant verfolgt uns parallel zum Ufer. Immer wieder versuchen Franc und Ziko, ihn zu vertreiben. Der Blick voraus sagt uns nämlich, dass die Eskalation näher rückt, das Horrorszenario nicht enden will. An einer Kuppe in der Ferne wird der Weg des Elefanten mit unserem Weg zusammentreffen, Wiese und Strand werden eins. Ich habe den Kampf gegen die Tränen jetzt aufgegeben, leise und unauffällig gleiten sie ins Meer hinab. Wie angeschlagene Boxer steuern wir auf unseren letzten Kampf zu, die Entscheidung. Immer wieder bleibe ich stehen, will es hinauszögern, doch der Elefant kommt unweigerlich näher, wir sind gefangen auf einem Streifen Sand.

Timon und ich stehen gerade so tief im Meer, dass wir noch nicht schwimmen müssen, wir springen mit den Wellen hoch. Franc sucht hektisch etwas in seinem Rucksack. Der Zusammenstoß kann nun nicht mehr abgewendet werden, wir sind fast an der Kuppe. Dann geht es los: Der Elefant bäumt sich erneut auf, Franc und Ziko stehen wenige Meter voneinander entfernt und schreien ihn mit letzter Kraft an. Das Tänzeln beginnt von Neuem. Wenn der Elefant noch einen Schritt näher kommt, gibt es mindestens einen Toten. Da zieht Franc eine Trillerpfeife aus seinem Rucksack hervor und holt tief Luft. Das hohe Geräusch zerschneidet den Sturm, das Gewitter, das Meeresgetöse und lässt unseren Gegner verwirrt innehalten. Er kann das Geräusch nicht einordnen, es wird ihm zu heikel, er dreht ab und lässt uns gewähren, einfach so. Das war's.

Es gibt keine Freudenschreie, nur ein leises, scheues Aufatmen. Wir gehen stumm zu unserem Boot und klettern hinein. Ich gebe Ziko und Franc die Hand, ich habe das Bedürfnis nach einer körperlichen Berührung. Sie haben unser Leben verteidigt, sich schützend vor uns gestellt, doch werden Blicke vermieden. Franc hebt schließlich die Trillerpfeife hoch und flüstert: »Es war meine letzte Verteidigung.«

Major Tom ist noch immer in meinem Kopf. Das Adrenalin schwindet, der Wind legt sich erneut kalt auf meine Haut. Ein letzter Blick zum Meer, bevor wir es verlassen und uns die große Lagune umspült. Still ist die Rückkehr zu unserer Unterkunft, die nach einer Weile friedlich am Ufer auftaucht.

Beim Abendessen frage ich Ziko, ob sie schon häufiger solch eine bedrohliche Situation erlebt haben. Durch die geöffneten Fenster und die Tür weht die Nacht herein. »In zehn Jahren ein Mal«, antwortet er angespannt. Während Timon und ich in einigen Tagen wieder nach Deutschland zurückkehren, werden Ziko und Franc weiterhin als Guides arbeiten. Der Schrecken sitzt in mir, meine Sorge um die beiden Männer, die uns eine sichere Rückkehr ermöglichten, ist groß. »Warum seid ihr nur mit einer Machete bewaffnet?«, frage ich vorsichtig. Die Wellen der Lagune schwappen leise im Hintergrund. »Ich weiß, warum du das fragst. Es gibt so viele Gründe, warum es falsch wäre, die Tiere zu töten, auch wenn sie aggressiv sind. Wir hatten heute großes Pech.« Ziko erklärt, dass der Elefantenbulle wahrscheinlich in der Musth war, einer Phase, in der er sich von der Herde trennt, fortpflanzungsfähig ist und nicht nur ein großes Aggressionspotential besitzt, sondern diese Aggression auch gegen alles richtet, was sich bewegt. »Habt ihr keine Angst, dass ihr irgendwann auf einer Tour sterben werdet?« Franc zuckt mit den Schultern. »Wir sind ein gutes Team«, antwortet er, »und solange es Menschen gibt, die diese einmalige Natur entdecken wollen, freuen wir uns, wenn wir unser Wissen weitergeben und Menschen für den Erhalt des Ökosystems begeistern können.« Franc und Ziko sind nicht nur Guides, die durch den Dschungel wandern, weil sie damit Geld verdienen. Wie Ghislain sind auch sie mit der Liebe zur Natur aufgewachsen, haben ihr halbes Leben dem Naturschutz gewidmet und sich wertvolles Wissen angeeignet. Das, was diese drei Männer in zwei Nationalparks ihres Landes tun, ist kein Job, sondern eine Philosophie, eine Lebenseinstellung. »Wir werden nicht die Elefanten dafür verantwortlich machen, wenn wir in ihr Gebiet eindringen.«

Ziko erzählt, dass der Dschungel Gabuns als eines der letzten Rückzugsgebiete der bedrohten Waldelefanten gilt. Etwa 25.000 Tiere vermutet man in den Wäldern. Doch dezimieren Wilderer die Population erheblich. Schätzungen gehen davon aus, dass ihnen jährlich zwischen 1000 und 2500 Waldelefanten zum Opfer fallen. »Wenn ein Mann mit einem Gewehr den Wald betritt, dann ist er ein Wilderer. Und Wilderer werden hier gejagt«, sagt Ziko ernst.

Als Zeichen gegen die Elefantenjagd verbrannte Gabun als erster zentralafrikanischer Staat im Jahr 2011 – einem Jahr, in dem die Elefantenwilderei laut WWF ein trauriges Rekordniveau erreichte – öffentlich in Libreville fünf Tonnen beschlagnahmtes Elfenbein. Damit verhinderte die Regierung, dass das kostbare Material aus den Lagerhallen der Regierung gestohlen wurde und auf dem Schwarzmarkt landete, wo es hauptsächlich nach Asien verkauft worden wäre. Tierschützer nannten diesen symbolischen Akt einen historischen Moment.

Obwohl ich im Vorfeld der Reise den Lebensraum der Waldelefanten unbedingt erleben wollte und mir der damit verbundenen möglichen Gefahr zumindest auf abstrakte Weise bewusst war, kann ich das Erlebnis nicht so schnell verkraften. Ich weiß nun, wie sich Todesangst anfühlt. Nächte und Tage verschwimmen, gelegentlich breche ich spontan in Tränen aus. Ich frage mich, ob wir leichtsinnig waren oder tatsächlich riesiges Pech hatten. Ob wir die Kontrolle hätten behalten können, während ich jede einzelne Sekunde der Begegnung erneut durchdenke. Immer wieder. Es quält mich. Ich kann diesen Kontrollverlust einfach nicht verstehen. Bis ich endlich begreife, dass wir die Kontrolle nie besaßen. Die Natur hat sie. Und plötzlich fällt mir ein, dass Ziko genau diesen Umstand vor einigen Tagen als Grund dafür angab, warum die Menschen ihre kleinen Dörfer verlassen. Was also habe ich dort eigentlich als Reisende verloren? Plötzlich kann ich die Menschen verstehen, die im Falle eines Unglücks keine Empathie mit den Verunglückten aufbringen können, weil sie die Schuld bei ihnen sehen: Warum waren sie auch so leichtsinnig? Doch denke ich, dass das Verständnis für die Natur, die Umwelt, die Einzigartigkeit eines Ökosystems erst durch eine Begegnung wirklich greifbar, erfahrbar gemacht werden kann. Und durch die Leidenschaft, die Liebe, mit der mir Franc, Ziko oder Ghislain ihren Wald näherbrachten. Die Berggorillas in Ruanda beweisen, dass durch ein touristisches Interesse, das geschickt gelenkt und kontrolliert wird, eine gefährdete Population tatsächlich wachsen und sich erholen kann.

Am letzten Tag unserer Reise überqueren wir mit einem Boot die Einmündung, die die Hauptstadt Libreville vom Pongara-Nationalpark trennt. Wir wollen zum Pointe Denis, einem Erholungsort für arbeitswütige Großstadtmenschen. Obwohl hier einige teure Häuser stehen und kleine Boote in der Bucht liegen, sind wir nach wenigen Metern wieder allein. Nach der Erfahrung mit dem aggressiven Elefanten wird der Strandspaziergang zur Qual, der Wald rückt allmählich näher, die Sonne brennt. Wir genießen nicht das Meer, wir starren ins Grün. Vor uns taucht plötzlich eine zwei Meter lange Schlange auf und windet sich in den sanft auslaufenden Wellen. Am Abend sind wir auch von diesem Tag erschöpft.

Erst im heimatlichen Stadtwald in Hannover kann ich mich wieder entspannen. Doch ist auch hier ein Spaziergang zunächst seltsam. Wir sind nun behutsamer, gehen vorsichtiger, obwohl wir natürlich wissen, dass uns keine Gefahr erwartet. Ein Eichhörnchen läuft einen Stamm hoch, ein Eichelhäher sitzt auf einem Ast, in der Ferne klopft ein Specht. All diese Eindrücke werden umhüllt vom sanften Rauschen, das die Autos auf der nahen Schnellstraße erzeugen. Ihr seid in der Stadt, sagen sie uns. Die Achtsamkeit wird hier nicht mehr benötigt, zumindest nicht zum Überleben, doch ich kann sie jetzt für mich nutzen. Die kleinen Dinge noch genauer betrachten, mich an ihnen erfreuen. Danke Ghislain, danke Ziko, danke Franc.

SEE

Malawi
Malawisee

2011. Eine blaugraue Wassermasse liegt sanft in der Abenddämmerung. Stumm blicke ich auf den gewaltigen Malawisee, der seit über einer Million Jahre im Großen Afrikanischen Grabenbruch existiert. Am Horizont dringen die schwachen Umrisse des fernen bergigen Ufers durch den Dunst hindurch. Kleine Wölkchen glitzern am Himmel, dahinter rücken bedrohliche schwarze Wolkenberge näher. Die Regenzeit kommt. Die Landmasse auf der anderen Seite wird zwischen Tansania und Mosambik aufgeteilt, irgendwo dort, weit vor mir, muss die Grenze liegen. Ein letztes Mal tauchen die verbleibenden Lichtstrahlen des Tages den Dunstschleier in der Ferne in sanftes Gelb, während Philipp und ich auf dem Holzbalkon der kleinen Hütte sitzen, die hier in Nkhata Bay so liebevoll auf Stelzen über dem Wasser gebaut wurde. Endlich ist es ruhig um mich herum geworden. Vor wenigen Stunden erreichten wir diesen friedlichen Ort, der mich jetzt besänftigen soll. Nur das leise Schwappen der Wellen ist unser Hintergrundsound. Ein einsames Boot trägt seine beiden Fischer über den See an unser Ufer, wie ein dunkel schillerndes Meer erscheint er mir. Ich blicke durch die Linse der Kamera, drücke ab, halte mein Gefühl und die Stimmung auf einem Foto fest.

Ich bin erschöpft, ausgelaugt. Noch vor vier Tagen torkelte ich fiebrig mit Bea durch die Mittagshitze Kimaras zu einem Dorfarzt. Es gab nur wenige Räume in dem Haus, viele

Menschen warteten liegend davor im Schatten. An einem Kiosk auf der Straße kauften wir eine eingeschweißte Spritze und ein weißes Blatt Papier, auf dem der Arzt seine Diagnose festhalten sollte. Ein Tropfen meines Blutes lag auf einem Objektträger unter einem Mikroskop. Der Arzt saß mit prüfendem Blick davor, runzelte die Stirn, nickte bestätigend. Wäre ich nicht so krank gewesen, hätte ich ihn gebeten, mich durch das Okular sehen zu lassen, damit ich mich selbst von den Parasitenringen in meinen roten Blutkörperchen hätte überzeugen können. Der Strom war glücklicherweise zu dieser Stunde noch nicht abgestellt, so dass die Lampe des Mikroskops noch funktionierte. Zu viele Menschen gibt es in dieser Stadt, der wenige Strom wird unter ihnen aufgeteilt, Viertel für Viertel. Ich hatte also Glück, sonst wäre ich einer von den Menschen geworden, die draußen im Schatten krank dahindämmerten, weil sie auf ihre Behandlung warteten. »Deine HB-Werte sind sehr schlecht«, sagte der Arzt auf Englisch, während er sich meine Ergebnisse ansah. Mein vernebeltes Gehirn verstand HIV anstatt HB, Tränen kamen schnell. »HIV?«, stammelte ich. Die tägliche Beschäftigung mit diesem Virus saß in mir fest. Bea hatte tröstend eine Hand auf meinen Rücken gelegt und wollte mich gerade beruhigen, als der Arzt schon herzlich lachte. »Nein, du hast nur eine kleine Malaria, nichts Wildes.« Ich nickte erleichtert. »Endlich mal ein Mzungu, der Malaria hat«, fügte er augenzwinkernd hinzu. Zu Hause wäre ein solcher Scherz deplatziert und die Malariadiagnose ein Grund zur Besorgnis. Doch nicht hier. Obwohl die *Malaria tropica* die schlimmste Form der Malaria ist und unbehandelt in bis zu zwanzig Prozent der Fälle tödlich verläuft, ist es nicht nur die Krankheit, die die Menschen sterben lässt. Es ist hauptsächlich ihre Armut, ihnen fehlt das Geld für Arzneimittel. Wird die Erkrankung früh erkannt und nicht verschleppt, steht einer Heilung mit entsprechender Medikation, die hier in sämtlichen Apotheken verkauft wird, nichts im Wege. Es waren an diesem Nachmittag das Lachen des Arztes, seine alltägliche Diagnose und zwinkernde Zuversicht, die einen großen Teil meiner Furcht zerschlugen. Auf dem Heimweg hielten wir an einer winzigen Apotheke und kauften die Tabletten, die ich jetzt einnehme. Alles wird gut, das weiß ich. Dennoch ist seitdem das Leben anstrengend. Fiebrige Träume erzeugen dunkle Bilder. Das Heimweh ist stark, die Zeit vergeht nur langsam. Gehen und Atmen, Essen und Sprechen sind Aufgaben geworden, keine Selbstverständlichkeiten, und obwohl das Fieber nun verschwunden ist, bewege ich mich schleichend durch Malawi – das mir neue Land, das ich unbedingt bereisen möchte. Mein Körper muss die roten Blutkörperchen, die vom Malariaerreger angegriffen und zum Teil zerstört wurden, erst wieder produzieren, damit er genug Sauerstoff bekommt. Alles, was ich auf diesem Balkon jetzt will, ist sitzen, ruhen, lauschen, und die Weite aufsaugen, die sich hier vor mir ausbreitet. Und vor allem will ich, während ich jetzt den Regen erwarte, mich nicht mehr mitteilen. Die Blicke auf den See sind lang an diesem Abend.

Sieben Jahre später schaue ich wieder auf dieses unglaubliche Seemeer und begreife, dass mich auf meiner ersten

Reise durch Malawi der Regen und die gedrückte Stimmung der Malariaerkrankung durch das Land getragen haben. Das Malawi, in dem ich mich nun befinde, hat keine Ähnlichkeit mit dem Malawi von damals, obwohl es doch das gleiche Land ist. Ich bin es, die heute anders sieht. Nur die Wassermasse ist geblieben. Sie strahlt jetzt in sattem Blau. Ich bin mit Timon und unseren Freunden Suhel und Falko unterwegs. Schnell hatten wir sie zu Hause bei Bier und Wein davon überzeugt, mit uns von Malawi über Mosambik nach Tansania zu reisen. Timon ist mit Suhel seit Jugendzeiten befreundet, ich überlebte mit Falko die Referendariatszeit an derselben Schule.

Wir befinden uns in der südlichen Hälfte dieses langgestreckten Landes und haben einen kleinen Ort namens Senga Bay erreicht. Wir beobachten Männer, die auf dem Sand in kleinen Gruppen beieinandersitzen und ihre Fischernetze flicken. Dutzende bunte kleine Boote, Pirogen genannt, wurden an Land gezogen und warten auf den nächsten Seegang, auf die kleinen Fische, die auf ihrem Boden zappeln und schließlich die Bäuche der Menschen in einem der ärmsten Länder der Welt füllen werden. Im Jahr 2018 liegt das Pro-Kopf-Einkommen bei unter einem Dollar am Tag. Fast jeder Zehnte zwischen 15 und 49 Jahren ist HIV-positiv. Der HDI (Index der menschlichen Entwicklung), der auf Basis von Indikatoren wie Einkommen, Bildungsniveau oder Lebenserwartung eine Rangliste von 189 Staaten errechnet, setzt Malawi auf Platz 172.

Frauen waschen Kleidung am Ufer und hängen die sauberen Sachen zum Trocknen über die Boote, sie tragen Wäschewannen auf dem Kopf zu ihren Hütten und Babys in einem

Tuch auf ihrem Rücken. Sie unterhalten sich in den jetzt angenehmen Sonnenstrahlen des späten Nachmittags mit Nachbarsfrauen, während Kinder mit kleinen Fischen in den Händen umherflitzen, Räder schlagen und den Sand fröhlich in die Luft schleudern. Neugierde ergreift uns, der Zuschauerplatz unter den Palmen im Schatten genügt uns nicht mehr. Wir wollen Teil des Szenarios werden, die Geschäftigkeit um uns herum spüren, mit Menschen reden, die Malawi ihre Heimat nennen. Anders als damals will ich nun kommunizieren.

Als ich dem Wasser entgegengehe, habe ich die Kamera bei mir. Ich denke, es ist falsch zu sagen, dass die Welt durch sie hindurch nur passiv betrachtet wird, dass die Fotografie gar verhindert, den Moment zu erleben. Immer wieder stelle ich fest, dass die Kamera mich nicht nur Dinge intensiver beobachten lässt, die Welt vielleicht sogar greifbarer macht, indem ich sie abbilden darf. Auch als Gegenstand kann sie oft ein Bindeglied zwischen Fremden sein. Der aufgeheizte Sand brennt unter meinen Füßen. Den Kindern, die vorhin noch stürmisch über den Strand tobten und mich nun schüchtern umstellen, scheint das nichts auszumachen. Vorsichtig treten sie näher, ich hocke mich hin. »What's your name?«, fragt mich jetzt ein kleines Mädchen mit einem verblassten rosafarbenen T-Shirt. Schnell wird aus der zarten Unterhaltung eine große Vertrautheit, die nur durch das Herumalbern mit Kindern erwachsen kann. Ich gebe meine Kamera in die Hände der kleinen Menschen, die fasziniert Fotos machen, wild und behutsam gleichermaßen. Sie springen an mir hoch, reißen mich zu Boden, wollen spielen und freuen sich über die Aufmerksamkeit, die ich ihnen entgegenbringe. Nach und nach kommen auch junge Erwachsene hinzu, wollen Teil der Ansammlung werden, das Fotografieren nimmt kein Ende. In diesen Nachmittagsstunden finde ich am sandigen Ufer des Malawisees endlich die Unbeschwertheit, die mir damals verborgen blieb, weil ich nicht bereit dafür war.

Erst als es dämmert, werden wir die Fotosession beenden, zur Strandbar zurückkehren und bei einem kalten Bier auf die Nacht warten, die schnell hereinbricht. Zwei junge Frauen, die am Nachmittag aus der etwa eine Million Einwohner starken Hauptstadt Lilongwe kamen, fassen sich ein Herz, wie sie später berichten werden, und kommen an unseren Tisch, um sich vorzustellen. »Das ist Charity und ich bin Trinity«, sagt eine der beiden Frauen auf Englisch. Güte und Dreifaltigkeit, das sind die Wünsche, die ihre Eltern ihnen mit auf den Weg gaben. »Eigentlich würden wir uns niemals trauen, Wazungu anzusprechen. Aber wir haben ein Bier getrunken und unsere Chance genutzt«, erzählt Charity glücklich. Ein erfrischender Wind weht vom Wasser heran. »Ich habe euch vorhin am Strand gesehen und bin auf einem Foto drauf, das ihr gemacht habt«, sagt sie lachend und nimmt einen Schluck aus der Flasche. Wir stoßen mit ihnen an. Aufgrund unserer Hautfarbe, unserer Fremdheit, werden wir von diesen beiden Frauen bewundert, als wären wir berühmte Persönlichkeiten. Gleichzeitig schäme ich mich, dass ich die Frauen am Strand nicht wahrgenommen habe. Ich weiß nicht, welches Verhalten in diesen Fällen richtig ist, was ein Gespräch galanter machen würde und bin häufig überfordert von solchen

Momenten. »Habt ihr eigentlich auch noch andere Vornamen?«, frage ich jetzt und die beiden Frauen müssen lachen. »Natürlich«, sagen sie gemeinsam, »wir haben euch unsere englischen Namen gesagt, damit ihr sie euch besser merken könnt.« – »Das ist schade«, sage ich und beweise im nachfolgenden Gespräch, dass ich ihre malawischen Namen tatsächlich nicht korrekt aussprechen kann.

Dann fällt der Strom aus. Alles, was wir sehen, sind helle Punkte auf dem See. Es sind die Männer, vorhin noch am Strand, jetzt auf ihren kleinen Booten. Sie haben Scheinwerfer an Bord, ihr Licht verschwindet im Wasser. »Sie leuchten, um die Fische anzulocken«, sagt Trinity. Die Boote schwanken in der Brandung. Nicht selten sterben Menschen durch Krokodile oder Flusspferde auf und an dem See, der gleichzeitig ihre Lebensgrundlage ist. Er soll der artenreichste See der Welt sein, doch beherbergt er auch die gefährlichen Schistosomenlarven, die den Menschen befallen und die Wurmerkrankung Bilharziose auslösen. Die im Wasser schwimmenden Larven durchdringen die menschliche Haut und entwickeln sich im Körper zu geschlechtsreifen Pärchenegeln, die ihre Eier in den Darm oder die Harnblase entlassen und einen lebensbedrohlichen Krankheitsverlauf verursachen können. Südlich der Sahara leiden 300 Millionen Menschen an Krankheiten, die durch die Bilharziose hervorgerufen wurden, jedes Jahr sterben etwa 280.000 Menschen an den Folgen. »Habt ihr Angst vor den Erregern?«, frage ich unsere neuen Freunde. »Nein, heute nicht mehr«, antwortete Charity. Sie erklärt, dass es wirksame Medikamente gibt, die in Malawi inzwischen kostenfrei verteilt werden, da hier etwa jeder Zweite betroffen ist.

Plötzlich taucht am Horizont ein roter Schimmer inmitten der Finsternis auf. Riesengroß und dunkelrot geht der Mond über dem Malawisee auf. Schwach scheint er auf das bewegte Wasser. Wir sprechen jetzt über das kleine Binnenland, das am 6. Juli 1964 seine Unabhängigkeit von Großbritannien erlangte. Etwa neunzig Prozent der Bevölkerung sind in der Landwirtschaft tätig, viele Bauern bestellen ihre Felder für den eigenen Bedarf, das wichtigste Außenhandelsgut des Landes ist Tabak. Auch Baumwolle, Zucker, Kaffee, Tee und Sojabohnen werden in geringen Mengen exportiert. Da Malawi kaum andere Güter verkaufen kann, ist es extrem abhängig von den Preisschwankungen auf dem Weltmarkt. Pflanzenschädlinge, Dürreperioden und Überschwemmungen, die wegen des Klimawandels immer häufiger werden, tragen ebenfalls zur großen Armut bei. Das starke Bevölkerungswachstum sorgt dafür, dass immer mehr Feuerholz benötigt wird und die Wälder des Landes nun fast vollständig gerodet sind.

Wir diskutieren über die Mythen und den Aberglauben mancher Menschen, die schwarze Magie und Zauberei von selbsternannten Heilern und Hexenmeistern in Anspruch nehmen. Oftmals wird den Körperteilen von Menschen mit Albinismus eine besondere Wirkung zugesprochen, mit schrecklichen Folgen für die Betroffenen: Manche Fischer auf dem Malawisee bespannen ihre Boote mit der hellen Haut, weil sie glauben, dass ihnen dadurch mehr Fische ins Netz gehen. Von den Knochen wird behauptet, dass sie aus Goldstaub bestehen und Wohlstand und Erfolg bringen würden. Tinkturen mit Blut sollen Feinde beseitigen. Weiterhin sind die Gerüchte verbreitet, dass Sex mit von Albinismus betroffenen Menschen Aids heilen könne, dass sie Unglücksboten seien und daher verfolgt, ausgegrenzt, ermordet werden müssen. Die Jagd auf die Menschen mit der genetisch bedingten Stoffwechselstörung ist ein Millionengeschäft – auch in Sambia, Mosambik und Tansania. Ein Arm wird für 5000 Dollar gehandelt, ein Kopf für das Doppelte. Obwohl vermutet werden kann, dass dieser extreme Aberglaube mit mangelnder Aufklärung und Bildung einhergeht, beschuldigen sich sogar hochrangige Politiker gegenseitig des Mordes an Menschen mit Albinismus oder zumindest der Inanspruchnahme der Dienste der sogenannten Wunderheiler. Beobachtungen zeigen, dass vor Parlaments- und Präsidentenwahlen besonders viele Menschen mit Albinismus getötet werden. Die Strafverfolgung fiel in Malawi bislang dürftig aus. Da in Tansania, dem Land mit der höchsten Rate von Geburten von Menschen mit Albinismus (eine von 1400), seit 2015 hohe Strafen gegen ihre Mörder durchgesetzt werden und daher die Mordrate stark gesunken ist, flüchten viele Betroffene nach Daressalam. Tatsächlich erinnere ich mich daran, dass ich 2011 im Straßenbild Daressalams viele Menschen mit Albinismus entdeckte. Es fällt ihnen schwer, sich nicht nur gegen die Sonne, sondern auch die permanenten Ausgrenzungen, Anfeindungen, Diskriminierungen und diejenigen zu schützen, die ihnen nach dem Leben trachten. Noch lange tauschen wir Gedanken, Wünsche und Träume aus, bevor wir uns in tiefer Nacht verabschieden.

Am nächsten Morgen steigen wir auf ein kleines motorisiertes Boot, es wird uns über den See tragen, von Senga Bay zum Cape MacLear. Die Männer am Strand helfen uns dabei, das Boot in die Brandung hineinzuschieben. Als ich nach einer Weile zum Strand zurückblicke, stehen sie noch immer dort und warten, bis auch wir nur noch ein kleiner Punkt auf einem großen See sind. Am Tag sind sie es, die vom Ufer aus ihren See und das Treiben darauf beobachten. Etwa drei Stunden wird es dauern, bis wir im Süden am Cape MacLear an Land gehen und uns in dem kleinen Städtchen Monkey Bay niederlassen. Im Dorf spielen die Kinder Fußball vor Baobab-Bäumen, sie präsentieren mir fröhlich ihren selbstgebastelten Ball. Er besteht aus zusammengepresstem Plastik, das von einer Schnur zu einer Kugel geformt wird. Hoch in die Luft hält ihn ein Junge, der mit eindringlichem Blick und aufforderndem Lachen von mir verlangt, ein Foto zu machen. Das ist mein Werk, sagen seine stolzen Augen. Ich zeige ihm sein Bild, er bedankt sich bei mir, dreht ab und schießt den Ball in die Höhe, um weiterzuspielen. Flüchtig ist dieser Moment. Und doch kann Fotografie den Moment einfangen und festhalten, kann Poesie werden und Erinnerungen beleben.

Erneut lassen wir uns am Abend in einer Strandbar nieder. Suhel, Falko und Timon gehen zu einem Laden im Dorf und ich habe einen Moment für mich. Zwei Hühner schreiten gemächlich im roten Dämmerlicht am Ufer entlang. Die dunklen Umrisse der Pirogen schaukeln im sanften Gewässer. Und während ich den Fischern nachschaue, das Wasser nun flammend anstatt graublau, befindet sich mein Herz nur für einen

Augenblick wieder auf dem Holzbalkon von damals. Sieben Jahre sind vergangen, seitdem ich das erste Mal auf diesen See geblickt habe, sieben Jahre, in denen ich Stück für Stück eine Vorstellung davon entwickelt habe, wie ich daheim meinen Alltag gestalten will, womit ich Geld verdienen möchte und wie ich dort ankomme, was ich nun als Erwachsensein beschreiben kann. Ich habe mich gar nicht verändert, ich habe mich sehr verändert. Plakative Aussagen, die wahrscheinlich beide zutreffen, und vielleicht nicht nur auf mich, sondern auch auf Malawi. Je nachdem, welche Perspektive oder welchen Fokus ich wähle, finde ich sowohl Veränderungen als auch Dinge, die gleich geblieben sind. Und weil sich manche Empfindungen auf Reisen so stark auf schwer definierbare Gefühle beziehen, dass sie mir die Sprache rauben, blicke ich in die Ferne und stelle fest: Heute bestimmen warmes Licht und ein freier Himmel die Atmosphäre, damals dunkle Wolkentürme und der nahende Regen. Ich bin mir nicht sicher, welches Bild mich mehr berührt, ob ich nicht gar beides will, Glückseligkeit und Melancholie.

Als Timon, Suhel und Falko wiederkommen, drücken sie mir ein Bier in die Hand. Zu viert stehen wir auf dem Holzdeck der Strandbar, unsere Gesichter warm erleuchtet vom Sonnenuntergang und vor uns die Weite. Hell klirren die Flaschen, als wir auf unsere Freundschaft trinken.

Toast to the ones here today
Toast to the ones that we lost on the way
'Cause the drinks bring back all the memories

· wishin'
+ hopin'
+ thinkin'
+ prayin'

Mosambik
Cuamba

Träge liege ich auf der klebrigen Sitzbank eines Minibusses. Eine Hand habe ich aus dem Fenster gehängt, der Fahrtwind fehlt. Wir stehen auf dem staubigen Hauptplatz Cuambas, einer Stadt im Norden Mosambiks, etwa zweitausend Kilometer von der Millionenhauptstadt Maputo entfernt, und warten und warten. Die Rucksäcke liegen fest verschnürt auf dem Dach des Minibusses, mit dem wir nach Gurué, einen Ort in den Bergen etwa vier Stunden südlich von hier, fahren wollen.

Ich ärgere mich ein wenig, dass wir erst am Vormittag und nicht bereits vor Sonnenaufgang zum Abfahrtsplatz gekommen sind. Allgemeine Regel ist: Es geht los, wenn der Minibus voll ist. Und wenn die Menschen, die an diesem Tag die Stadt verlassen wollen, bereits am frühen Morgen aufgebrochen sind, weil sie das nämlich immer so machen, dann gibt es eben auch keine Fahrgäste mehr. Und so warten wir: Wir, vier dumme Deutsche und zwei junge Mosambikaner, die es sich auf der hintersten Bank gemütlich machen. Sie machen alles richtig und holen sich schon um elf Uhr ein Bier. Bei uns wird es noch eine weitere Stunde dauern, bis wir diesen Punkt erreichen. Wovor ich in Wahrheit Angst habe, ist eine volle Blase und der Unwillen des Fahrers, eine Pause einzulegen. Bei meiner ersten Überlandfahrt in Tansania musste ein Freund, der zum Pinkeln zu lange im Gebüsch verschwunden war, dem Bus mehrere hundert Meter hinterherlaufen und wild mit den Armen fuchteln, um wieder einsteigen zu dürfen. Natürlich habe ich mich von meinem Sitzplatz aus ebenfalls bemerkbar gemacht und dabei eine wichtige Einsicht gewonnen: Für die Einheimischen ist es witzig, dass die Weißen immer einen vernünftigen Busch zum Pinkeln brauchen. Wenn man dafür einige Meter gehen muss, dauert das natürlich länger. In Tansania pinkelt man gemeinschaftlich um den Bus herum: Die Frauen hocken auf der einen Seite, eingewickelt in ihre bunten Kangas für den Sichtschutz. Diese tuchartigen Kleidungsstücke werden vielseitig eingesetzt und stets am Körper getragen. Die Männer stehen auf der anderen Seite. Nicht einmal neunzig Sekunden dauert das und schon kann es weitergehen. Pinkelpausen sind hier kurz und schmerzlos, Scham und Eitelkeit werden ausgelacht.

Seit diesem prägenden Erlebnis beschränke ich meine Flüssigkeitszufuhr an Reisetagen auf ein Minimum. Da ich nämlich eine verklemmte Deutsche bin und Gemeinschaftspinkeln nicht so mein Ding ist, mache ich mich lieber unabhängig von jeglicher Notdurft. Ein Plan, der normalerweise gut funktioniert.

Als wir nun an diesem heißen Tag um die Mittagszeit immer noch im Minibus sitzen, ich das Plumpsklo für den Notfall ausgespäht habe und die jungen Männer bereits ihr zweites Bier trinken, geht Falko los, um uns zu versorgen. Er kommt wieder mit vier halben Litern 2M in Glasflaschen. Suhel, unser Souvenirshopper, lässt sich unterdessen von einem engagierten Jungunternehmer einen Schlüsselanhänger mit seinem Namen darauf schnitzen, während ich von den netten Damen am Straßenrand sämtliche Backwaren aufkaufe, die ich schon immer mal probieren wollte. Ich teile sie mit Kindern, die uns neugierig beäugen und verschmitzt hinter vorgehaltener Hand kichern. Der Minibus wird zur kleinen Basis, von der aus wir losschwirren. Alles hätte so bleiben können: Bier, Gebäck, Holzschnitzereien, ab und zu ein paar Polizisten, die mit Gewehren vorbeimarschieren, eine Kleinfamilie, die ihr Motorrad bepackt und in ihr Heimatdorf fährt, ein Lastwagen, der mithilfe eines Baumstammes als Abschleppstange gezogen wird, hin und wieder ein Lächeln von Fremden. Es gibt hier wirklich viel zu sehen, ich will nicht undankbar sein. Doch die Ungeduld schleicht um uns herum. Die Temperaturen steigen, der Minibus steht in der prallen Sonne. Dann der Gedanke: Wie Locals reisen war gestern, verwegene Abenteurer und so, wir pfeifen darauf, wir wollen endlich nach Gurué, egal wie. Da gibt es Ruhe, eine schöne Aussicht und Teeplantagen.

»Wie viele Personen fehlen denn noch, bevor wir losfahren?«, frage ich vorsichtig. Dabei hoffe ich vergeblich, dass der Fahrer seinen Bus schonen will. Er nennt mir die irrwitzige Anzahl an Personen, die bereits gestern, als wir mit demselben Bus herkamen, »hineingepasst« haben, bevor der Fahrer ihn als »voll« – ein wahrhaftig dehnbarer Begriff – bezeichnet hat. Es waren unfassbare 22 Personen, Kinder natürlich nicht mitgezählt. Die stehen nämlich in geduckter Haltung oder werden an der Brust gestillt, fürs Bäuerchen nur einmal kurz über die Schöße gereicht und aus dem Fenster gehalten. Alles ganz pragmatisch geregelt. Da ich gestern als Letzte einstieg, mussten mich drei Leute festhalten, damit der Fahrer überhaupt die Schiebetür schließen konnte. Sie knallte gegen mein Hinterteil, drückte mich in Kussdistanz den Insassen entgegen. Nicht mein bester Moment. Zu sagen, dass wir in diesem Bus eingepfercht waren, wäre reines Schönreden gewesen. Hier wird menschliches Material zusammengequetscht. Selbst ein Huhn hätte nicht mehr hineingepasst. Einziger Vorteil: Es gibt keinen Bewegungsspielraum, um sich bei der holprigen Fahrt auf den löchrigen Sandpisten blaue Flecke durch Stöße an den metallischen Innenwänden zuzuziehen. Die Angst, dass der Bus jeden Moment auseinanderbricht, bleibt natürlich. Auch sterben unterwegs diverse Gliedmaßen beinahe ab, nur um im letzten verzweifelten Moment – der Überlebenskampf ist eigentlich mental bereits abgeschlossen – doch noch schnell mit einer zaghaften Durchblutung konfrontiert zu werden. Dieser Umstand führt dazu, dass ich mich tatsächlich auf die Polizeikontrollen freue. Denn da darf sich die verschwitzte Körpermasse, die sich im Innern zu einem vergnüglichen Haufen aufgrund des gemeinsamen Leidens vereint hat, kurzfristig auflösen, damit der Bus seinen Inhalt auf die Straße spucken kann. »Ah« und »Oh« ertönt es dann, wenn sich alle kurz vergewissern, dass ihre Körper aus unerklärlichen Gründen doch noch intakt sind.

Gestern, kurz vor Cuamba, wird der Bus von einem uniformierten Mann an den Rand gewinkt. Die Sonne taucht die Luft schnell in einen roten Schein, bevor sie auch schon verschwunden ist. Da ich beim Öffnen der Tür bereits halb herausfalle, darf ich dem Polizeibeamten als Erste Rede und

Antwort stehen. Mit versteinertem Blick taxiert er mich, dann blättert er meinen Reisepass durch, jede einzelne Seite, ganz gemächlich. Derweil zerschlage ich einige Moskitos. Der Polizist sieht mich wieder eindringlich an, dann fragt er mit erhobenem Kinn, die Augen leicht zusammengekniffen, nach meinem Namen. Ich antworte. Der Polizist verzieht keine Miene, der Blick bleibt streng, sein Gewehr baumelt lässig um seinen Oberkörper, während er mir mit provozierender Langsamkeit den Reisepass zurückgibt. Ich habe den Eindruck, dass er die Macht, unseren Bus anhalten zu können, auskostet. Dass er möglicherweise sogar einen Grund sucht, uns ein wenig Geld abzunehmen. Obwohl es natürlich Polizisten gibt, die einen hervorragenden Job machen, habe ich auf Reisen eine Skepsis gegenüber Menschen entwickelt, die ein wenig Autorität erhalten haben und sie zum eigenen Vorteil nutzen wollen. Auf der internationalen Rangliste der Korruption aus dem Jahr 2019 schneidet Mosambik mit dem 150. von 179 Plätzen nicht sonderlich gut ab. Mit einem durchschnittlichen Jahreseinkommen von 420 US-Dollar (2017) ist das aber vielleicht auch nicht verwunderlich. Bis 1975 wurde Mosambik von den portugiesischen Kolonialisten ausgenutzt und unterdrückt. Es herrschte ein jahrelanger Krieg zwischen den portugiesischen Besatzern und der sozialistischen Befreiungsbewegung FRELIMO (Frente da Libertação de Moçambique), die nach 1975 den ersten Präsidenten der Volksrepublik Mosambik, Samora Machel, stellte. Mosambik war nun ein kommunistischer Staat mit einer Einparteienherrschaft. Nur zwei Jahre später versank das Land in einen sechzehn Jahre andauernden

Bürgerkrieg. Die antikommunistische RENAMO (Resistência Nacional Moçambicana) hatte sich nämlich mithilfe Südafrikas und Simbabwes, des damaligen Rhodesiens, als Gegengewicht zur FRELIMO positioniert und bekämpfte jetzt die marxistische Regierung. Der Bürgerkrieg wurde zum Stellvertreterkrieg, in dem die RENAMO von den USA und Südafrika und die FRELIMO von der Sowjetunion, der DDR und Bulgarien unterstützt wurde. Schätzungsweise 900.000 Menschen verloren durch Kämpfe und Hungerkatastrophen ihr Leben, mehrere Millionen Zivilisten wurden vertrieben. Erst nachdem der Kalte Krieg vorbei war und ausländische Unterstützung ausblieb, kam es zu ersten direkten Gesprächen zwischen den beiden Bewegungen. In der neuen Verfassung von 1990 wurde ein Mehrparteiensystem festgeschrieben und 1992 ein Friedensvertrag unterzeichnet, der 2019 erneuert wurde, nachdem über zunehmende Kämpfe zwischen den ehemaligen Bürgerkriegsparteien berichtet worden war.

Im Global Competitive Index, der Volkswirtschaften nach ihren Wachstumschancen gliedert, belegt Mosambik Stand 2017/2018 den 136. und damit vorletzten Platz. Eine deutliche Besserung der Lebensverhältnisse ist damit nicht in Sicht, und vielleicht ist auch das ein Grund, weshalb die Bekämpfung der Korruption umso schwieriger ist.

Der Polizist nimmt sich auch für Timon, Suhel und Falko reichlich Zeit, bevor sich die Tür hinter mir schließt und ich wieder mit der Masse im Bus verschmelze. Die Mitreisenden atmen erleichtert auf, manche erzählen eine kleine Geschichte über die etlichen Polizeikontrollen in ihrem Land, von denen man niemals weiß, wie lange sie dauern werden. Ich merke, dass auch sie eine Skepsis gegenüber ihren Gesetzeshütern haben.

Als ich an die freundschaftliche Grundstimmung von gestern denke, kommt mir ein gefüllter Minibus gar nicht mehr so schlimm vor. Der Fahrer in Cuamba fragt uns jetzt, ob wir nicht einfach für die fehlenden Personen bezahlen wollen, dann könnten wir sofort los. Wir feilschen eine Weile, doch der Mann sieht ein, dass wir nicht dazu bereit sind, so viel Geld auszugeben. Also verspricht er uns mit ernstem Nicken, dass der Bus bald voll sein wird, gegen Mittag komme ein anderer Bus am Hauptplatz an, gewaltiger Andrang herrsche dann hier, da seien garantiert Menschen dabei, die auch nach Gurué wollen.

Tatsächlich kommt nach einer weiteren Stunde ein Fahrzeug an und zwei Menschen steigen zu uns hinzu. Eine jämmerliche Ausbeute. Leise hämmert es in meinem Kopf: Wer will schon nach Gurué? Meine Lust sinkt allmählich.

»Wann geht es endlich los?« Die Frage der Panikmacher, Rumstresser, dafür reist man doch nicht mit Rucksack! Aber ich will es wissen. Wer diese Frage stellt, den hat die Ungeduld gepackt und geschüttelt. Suhel legt mir eine Hand auf die Schulter: »Jenny, jetzt komm, trink noch einen Schluck.« Dabei hält er mir den letzten pisswarmen Rest seines Biers entgegen. Er meint es gut. Ich atme durch, ich versuche, ganz locker zu bleiben, die Ungeduld muss in Zaum gehalten werden, sie darf mich nicht übermannen, das gebietet mir mein heuchlerisches Traveller-Ego. Vier Stunden sind jetzt vergangen. Das

Bier ist ausgetrunken. Ich zähle durch. Immerhin schon acht Passagiere, doch der Bus will nicht abfahren. Es ist zum Verrücktwerden. Der Ersatzfahrer, dessen Aufgabe es ist, Geld einzutreiben, potentielle Kunden anzuschreien, um auf sich aufmerksam zu machen, hat bereits gemerkt, dass die Geduld ihren Zenit überschritten hat. Sicherheitshalber zieht er sich daher erst einmal heimlich zum Mittagessen zurück. Das Geld hat er natürlich bei unserer Ankunft am Hauptplatz eingesammelt, als wir noch voller Hoffnung in den Minibus eingestiegen sind, um uns die guten Plätze am Fenster zu sichern. Ja, ja, wir Deutschen wissen, wie's geht. Seitdem ist Flaute, nur leere Versprechungen, ein ewiges Hinhalten. Das süße Nichtstun wird zur Knechtschaft, die Ungeduld verwandelt sich in den heißen Stunden dieses Mittags zur Raserei, zumindest bei mir. Die anderen sind eher in eine Lethargie verfallen und haben sich mit ihrem Schicksal abgefunden, so kommt es mir vor. Ich spüre, wie nach einer weiteren Stunde langsam Hysterie in mir aufbrodelt und die Oberhand gewinnt: Eine Mischung aus Trotz und Prinzipienreiterei, durchdrungen von einem leicht aggressiven Grundtonus. Es reicht! Fünf Stunden des Wartens sind genug, jetzt muss etwas geschehen! Als wir durchrechnen, dass wir an diesem Tag Gurué nicht mehr bei Tageslicht sehen werden, fällt ein entscheidender Satz. Die Auflehnung beginnt: »Scheiß auf Gurué, wir fahren morgen mit dem Zug nach Nampula, der Küste entgegen!« Beflügelt von dieser Parole, die uns die Unabhängigkeit mit einer salzigen Meeresbrise entgegenweht, klettert Falko kurz entschlossen auf das Dach des Minibusses, um heldenhaft die Rucksäcke zu befreien,

Meereswellen statt Teeplantagen vor den Augen, während ich mich mit dem Fahrer anlege, um unser Geld zurückzubekommen. Natürlich weiß ich, dass das nicht gelingen wird. Aber ich will, dass er wenigstens ein schlechtes Gewissen hat. Ich bin sauer und kann nicht klar denken. Dass er sich vielleicht nur an dieses Geschäft klammert, weil es sein Überleben sichert, dass der Wert unseres bezahlten Geldes für uns ein Abendessen ist und für ihn vielleicht die Ernährung seiner Familie für eine Woche, verdränge ich in dem Augenblick. Ich fühle mich nämlich betrogen! Im Nachhinein werde ich mich dafür schämen, dass ich nicht ruhig bleiben konnte, dass ich mich nicht so mit ihm auseinandergesetzt habe, wie ich es jetzt für respektvoll gehalten hätte.

Die auf dem Platz umherlaufenden Menschen wittern ein bisschen Unterhaltung an diesem staubig frühen Nachmittag und mischen sich ein. Jeder hat eine Meinung. Die beiden jungen Mosambikaner wollen ebenfalls nicht mehr warten. Wild gestikulierend stehen der Fahrer und sein Assistent, die beiden Mosambikaner, Timon, ich und etwa zwanzig weitere Leute plötzlich in einer aufgeheizten Menschentraube in der Hitze. Die meisten sind auf unserer Seite, obwohl keiner genau weiß, was eigentlich vorgefallen ist. Hände wirbeln durch die Luft, um Worte zu unterstreichen. Ich sehe uns bereits in einen Straßenkampf verwickelt, als ich die Stimme erhebe und lauthals meine Meinung sage, um meinen vielleicht schiefen Gerechtigkeitssinn zu besänftigen. Die Männer in der Traube sind verwirrt, die Weiße ist aufgebracht, also sinken Hände wieder zu Boden. Ich mache unseren

Standpunkt klar, bilde mir ein, dass ich die Menge gleichzeitig beschwichtige, vergewissere mich, dass der Fahrer weiß, was mich stört – fehlendes Geld und leere Versprechen –, und schwinge mich anschließend mit meinen Reisegefährten auf vier Mototaxen, die wir per Handzeichen herbeirufen. Ziel: einmal zum Bahnhof, bitte.

Freiheitsgefühl überkommt mich, als endlich an diesem Tag auf dem Rücksitz des Mototaxis doch noch etwas Fahrtwind mein Gesicht kühlt, wenn auch nur kurz. Dann der Schock: Vor dem Bahnhof, einem jämmerlichen Gebäude mit genau einem winzigen Außenschalter, wartet eine lange Menschenschlange. Anscheinend wollen alle Stadtbewohner ein Ticket für den Zug nach Nampula haben. Morgen früh wird er abfahren, sagt der Fahrplan. Bloß raus aus dieser Stadt, kann ich verstehen. Damit ich keinen Nervenzusammenbruch bekomme, suchen Falko und Suhel erneut nach 2M in Glasflaschen, während Timon und ich uns ans Ende der Schlange begeben. Bei dem Andrang und dem Tempo, das hier vorgelegt wird, fährt der Zug sowieso ohne uns ab. Dann die Entdeckung: Es gibt eine weitere Schlage, die ebenfalls zum Schalter führt und deutlich kürzer ist. Dort stehen nur Frauen an. Etwas belustigt über die Geschlechtertrennung gliedere ich mich dort ein, um vier Tickets zu ergattern. Neue Hoffnung keimt auf, vielleicht geht es doch viel schneller als gedacht!

Als Suhel und Falko zurückkommen, verkünden sie das Unfassbare: Der Minibusfahrer hat uns gesucht, um uns das Geld zurückzugeben! Anscheinend hat die Menschentraube, die wir zurückließen, weiterdiskutiert. Vielleicht wurde der soziale Druck zu groß, vielleicht hat ihn das schlechte Gewissen überrumpelt. Obwohl mir das Geld nach meinem Rechtsempfinden zusteht, fühle ich mich mies. Ich hätte mich gern noch einmal mit dem Fahrer unterhalten, ich habe das Gefühl, etwas falsch gemacht zu haben. Denn es lag nicht an ihm, dass wir nicht abgefahren sind. Das weiß ich jetzt. An diesem Tag hat der Mann sich an die Hoffnung geklammert, durch eine Fahrt nach Gurué Geld zu verdienen. Und diese Hoffnung konnte er einfach nicht aufgeben.

Suhel, Falko und Timon stehen nun vor dem Bahnhof, beobachten das Treiben, es hat sich seit dem Morgen also nicht allzu viel verändert. Ich wundere mich nach einer halben Stunde, dass meine Schlange keinen Zentimeter vorrückt, und finde heraus, dass ein paar Aufschneider die Frauen vor mir bedrängen, damit sie ihnen ebenfalls Tickets mitbringen. Mein Gerechtigkeitssinn entscheidet, dass das eine absolute Frechheit und es sowieso höchste Zeit ist, ein Ticket aus der Stadt zu erwerben. Ich fordere Timon, Falko und Suhel auf, eine Mauer zu bilden, damit keine Männer mehr in den Frauenbereich gelangen. Dann entferne ich mich aus der Schlange, gehe ein paar Schritte dem Schalter entgegen, sage den jungen Frauen dort, dass sie nicht auf die Bitten der Männer reagieren sollen, die haben ihre eigene Schlange, und ziehe die schleimigen Typen beiseite, die nun sogar angefangen haben, die Frauen zu betatschen. Die Männer lachen, die Frauen kichern, wahrscheinlich über mich, aber das ist mir egal. Die Möchtegerndandys verschwinden, das ist die Hauptsache, und die Frauenschlange rückt tatsächlich allmählich zum Schalter vor, zum

Tor zur Freiheit! Abwechselnd dürfen Männer und Frauen dort ihre Anliegen vortragen, im Rücken das Gedränge. Als ich diese Kampfzone erreiche, ein gelangweilter Mann hockt in dem mickrigen Kabuff, betone ich das »One Way« in aller Eindringlichkeit. Dann ist es so weit: Pünktlich zum Sonnenuntergang halten wir vier Tickets in den Händen. Nampula - das liegt im Osten, der Sonne entgegen, und klingt verheißungsvoll. Die Entdeckung der Langsamkeit, als Beschreibung dieses Tages, ist purer Euphemismus.

Vollgestaubt und vollgeschwitzt wie wir sind, gönnen wir uns heute mal das Hotel mit fließendem Wasser. Obwohl die Absteige der letzten Nacht große Sympathiepunkte sammelte: Gerade als wir feststellten, dass lediglich eine nackte Kloschlüssel und ein Eimer mit einem letzten Wasserrest als Spülung zum Interieur des Badezimmers gehörten, klopfte ein netter junger Mann an die nicht ganz zu verriegelnde Tür und übergab uns Handtücher und Seife, während er sich gleichzeitig für das fehlende Wasser entschuldigte.

Jetzt ist es dunkel, wir beziehen unser Zimmer im Hotel. Bässe, Jubelschreie und Beats ertönen in unglaublicher Lautstärke. Leicht irritiert, weil wir uns fragen, woher denn jetzt plötzlich eine derart große Menschenmasse kommt, blicken wir aus dem Fenster und stellen fest: Ein kleines Dutzend Mosambikaner feiert eine Poolparty samt DJ unterm Sternenhimmel. Die kosmopolitischen Laute der feierwütigen Menschenmasse dröhnen aus der Box, für die Stimmung. Dennoch wird die Musik erst gegen zwei Uhr abgeschaltet. Eigentlich schon wieder stilvoll. Warum nicht auch mit zwölf Menschen mit einer Musikanlage feiern, die auch das Berghain beschallen könnte? Oder mit acht Passagieren nach Gurué fahren? Aber der Gedanke ist nicht gerecht, ohne Gewinn auch kein Business.

Schnell noch neunzig Minuten Schlaf mitnehmen, denn um 3:30 Uhr klingelt der Wecker. Um vier Uhr schleppen wir uns durch die Nacht zum Bahnhof. Alles wirkt friedlich, die Straßen sind dunkel, ein paar Geräusche am Straßenrand zeigen, dass dort Menschen sind, dann wieder Stille. Der Zug steht bereits seit dem Vortag dort. Wir können uns nicht vorstellen, dass uns die Stadt freigeben, ja, dass dieser Zug tatsächlich abfahren wird. Jeden Augenblick der letzten vierundzwanzig Stunden habe ich bewusst wahrgenommen, mal lachend, mal empört, aber meist wartend, hoffend auf Bewegung. Wir steigen ein, einige Menschen liegen bereits in dieser dumpfen Dunkelheit auf ihren Sitzen und schlafen. Das schwache Leuchten unserer Handys hilft uns, Füße und Gepäckstücke zu umgehen. Wir setzen uns auf einen leeren Viererplatz und warten. Dann zeigt die Uhr: Es ist fünf Uhr morgens, Abfahrtszeit. Und plötzlich, aus den Tiefen der Maschine, ertönt ein Grummeln, der Zug ruckelt, wir halten den Atem an. Langsam, ganz langsam rollt er vorwärts. Er rollt, bleibt nicht stehen, nimmt Fahrt auf. Ein Luftstrom geht durch den Zug, ich fröstele. Wir werden Cuamba jetzt verlassen, die Stadt nicht mehr im Hellen sehen. Ich staune über meine unerwartete Wehmut. Der Aufenthalt in dieser Stadt war merkwürdig. Und trotz der ganzen Warterei denke ich plötzlich, dass die Zeit hier nicht verschwendet war. Seltsam traurig bin ich an diesem Morgen.

Fanta
TANGAZO
DU DAY CARE
CENTRE
NACHT
über
SANSIBAR
P.o.Box2586.Tel:+255242236033

Tansania
Sansibar

Die Luft hat sich kaum abgekühlt. Sie schiebt sich zwischen die engen dunklen Gassen Stonetowns, des historischen Kerns von Sansibar-Stadt, und umhüllt mich mit einem salzigen Aroma, das vom Meer heranweht. Es ist tiefe Nacht, ich bin allein und suche meine Herberge. Die am Tage geöffneten Shops, in denen die Einheimischen Gewürze, Stoffe, Antiquitäten, Trödel und Souvenirs verkaufen, die Luft mit Ingwer, Zimt, Nelken und Schweiß anreichern, sind jetzt mit schweren Brettern und Türen verriegelt. Ich stolpere, der Boden ist uneben, meine Hand umschließt fest meine Kopflampe, die mir mit ihrem zarten Licht den Weg weisen soll.

Auf kleinen Mauern und unter Vorsprüngen liegen Menschen unter Tüchern und schlafen. Ich versuche, sie nicht zu stören. Hinter einer Ecke blitzen zwei Augen hervor. Eine Katze huscht durch die dunkle Gasse, in der Ferne nur Rauschen. Über mir endlose verknotete Kabel, die Schatten auf den Boden werfen, wenn das Mondlicht seinen Weg zwischen die steinernen Hauswände findet. Ich gehe vorbei an Muschelwänden und massiven Sansibar-Türen, deren prachtvolle Schnitzereien nun nicht mehr auszumachen sind. Gelegentlich schimmert dumpfes Licht durch rote, blaue, grüne Glasfenster, die hier in die Gebäude eingelassen worden sind. Über Stonetown liegt eine Atmosphäre, eingepfercht unter einer imaginären Glocke und der Zeit entrissen, die bereits in den ersten Stunden in dieser Stadt so magisch auf mich einprasselt, dass sie mich nicht mehr loslassen wird - dieses Jahrhunderte alte Sammelsurium indischer, arabischer, europäischer, afrikanischer, persischer Einflüsse. Die Menschen kamen immer wieder aus der weiten Welt in diesen kleinen Kosmos und brachten Handel und Reichtum, Leid und Rebellion, sie errichteten Steinhäuser und Moscheen, vertrieben die Naturreligionen, legten Gewürzplantagen an, versklavten und verschleppten. Sie hinterließen auch ein Stück ihrer Kultur, an den Wänden, auf der Straße, in den Verzierungen, im Geschmack und in der Lebensweise. Einmal gut verrührt, im Schmelztiegel der Zeit vermengt, Stück für Stück wieder ausgespuckt und hier nun kunstvoll präsentiert. Langsam spaziere ich die verschachtelten Gassen entlang und frage mich, ob es denn nun an der Zeit wäre, beunruhigt zu sein. Denn längst ist mir bewusst geworden: Ich weiß nicht, wie ich meine Herberge finden soll. Immer wieder biege ich in verschiedene Gassen ein, gelange tiefer in das verwirrende Labyrinth einer Stadt, die so viele Attribute sammelt, so viele Facetten und Gesichter hat, Geheimnisse hütet, dass ich viele Male wiederkehren werde, um sie besser kennenzulernen.

Sansibar, das ist, wenn ich im Schatten der Hauswände mit den Alten der Insel gewürzten Ingwertee, *Chai ya Tangawizi*, aus winzigen Tassen trinke und Süßigkeiten aus Nüssen und Honig probiere. Wenn das berühmte Brettspiel Bao vor ihnen liegt, sie die getrockneten Samen in die verschiedenen Mulden umverteilen und dabei verzweifelt versuchen, mir die uralten komplexen Regeln beizubringen. »Hast du es immer noch nicht verstanden?«, fragen sie dann kopfschüttelnd und ich nippe schulterzuckend an meinem Tee. Sansibar sind die Stimmen der Imame, die durch die Gassen hallen, und der Menschen, die ich durch die geöffneten Fenster und Türen sehe, die sich vorbeugen, murmeln, beten, in eine Religion versinken, die mir fremd ist. Sansibar sind freundschaftliche Begegnungen zwischen Hinduisten, Christen, Muslimen, ein Miteinander-Leben, Essen, Trinken. Sind bunte Kopftücher, wilde Locken, glatte Haare, schwarze Burkas, Lippenstift, Henna-Tattoos, Smokey Eyes, Saris, alles zusammen. Ist, wenn rostbraune Kanonen am Kai sich dem Meer entgegenstrecken und Kinder auf ihnen spielen. Sie wurden in Vorbereitung eines Krieges im Jahr 1896 an die Seefront geschoben, um den Palast und die Altstadt vor den Engländern zu schützen, die seit 1890 das Protektorat über Sansibar hatten. In einem Staatsstreich hatte Chalid ibn Barghasch, ein Cousin des zuvor verstorbenen Sultans, mit deutscher Rückendeckung die Macht ergriffen – hielt sich dort jedoch nur drei Tage, bevor die Briten am 27. August 1896 die Insel zurückeroberten. Dieser Krieg gilt mit einer Dauer von nur 38 Minuten als kürzester Krieg der Weltgeschichte.

Sansibar ist ein Shaggy-Konzert mit Freunden im alten Fort, ist Mr. Boombastic auf der Bühne, ist, wenn Menschen die flachen Hände in die Luft heben und gemeinsam singen: *What you want is a boombastic, romantic, fantastic lova'*, während sich das Sonnenlicht rot verfärbt. In diesen Momenten darf ich genießen und sein, mit Freunden feiern, in der Livingston-Bar über die Probleme auf dem Festland diskutieren, ein Drink in der Hand und das Meeresrauschen im Hintergrund. Dann ist Sansibar eine Pause, ein Mich-vergessen-Dürfen und Loslassen der stressigen Stadt Daressalam. Ist ein Versinken an einem Wochenende und der Kater am nächsten Morgen. Ist auch das Nachdenken darüber, dass ich mir eine Pause gönnen kann, während andere in ihrem Alltag feststecken und niemals rauskommen.

Ist, mit einem jungen Mann im Sand zu sitzen, auf die Wellen zu schauen, über sein Leben in Sansibar-Stadt zu reden. »Ich bin Herrmann«, sagt er und streckt sehr steif die Hand aus. Typisch deutsch, denke ich, bevor ich ihn frage: »Heißt du wirklich Herrmann?« Und er schüttelt lachend den Kopf. »Nein, das ist mein Künstlername. Weil ihr Deutsche seid, dachte ich, er gefällt euch vielleicht.« Er stellt sich also mit falschem Namen vor, um seine Sympathie zu bekunden, seinen tansanischen Namen verschweigt er mir. Sein Deutsch ist recht solide, er hat es sich mithilfe alter Schulbücher selbst beigebracht, viel Zeit und Eifer investiert, denn er hat noch Hoffnungen, Pläne, Wünsche für sein Leben. Auch er möchte irgendwann einmal eigenes Geld verdienen, mit den Touristen, die die Insel fluten. Sansibar ist, diesen Mann, der sich Herrmann nennt, wenige Stunden später auf einer Treppe schlafen zu sehen, weil er kein Zuhause hat.

Sansibar sind weiße Frauen, manchmal alt, die lieber eine weiße Massai wären, Hand in Hand mit neu gefundenen Liebhabern, meist jung, am Strand entlanggehen. Sind Beachboys, die weiße Frauen zu weißen Massais machen möchten. Die Sex, Delfintouren, Armbänder, Schnitzereien, Gras anbieten.

Irgendetwas, egal was, um Geld für den nächsten Tag zu verdienen. Ist, von den Beachboys genervt zu sein, weil sie mich ständig belagern, und das gleichzeitige Schämen über das Genervtsein, denn kann ich einem Menschen ohne Geld den verzweifelten Versuch verübeln, irgendwie Business mit Menschen zu machen, die offensichtlich Geld haben, sonst wären sie nicht hier?

Ist, die Farben der Insel in den Gewürzen wiederzuerkennen, ist der Duft von Zimt, Vanille, Kurkuma, Nelken, Zitronengras, Ingwer, Chili, schwarzem Pfeffer, Kardamom und Muskat auf einer der vielen Gewürzfarmen der Insel. Sansibar sind Bananen-Schoko-Crêpes, Zuckerrohrsaft, Meeresfrüchte unterschiedlichster Größe und Farbe, pikante Suppen, Schawarma und Fleischspieße, sogenannte Mishkaki, deftige Pfannkuchen und unendliche Düfte auf dem Nachtmarkt, während Jugendliche am Kai die verrücktesten akrobatischen Kunststücke aufführen, die untergehende Sonne im Gesicht, und schließlich ins Meer springen. Sansibar ist der hier geborene Freddy Mercury und das House of Wonders, das das erste Gebäude auf der Insel mit Elektrizität war und das erste in ganz Ostafrika mit einem Fahrstuhl. Sansibar sind auch sozialistische Plattenbauten, die an die Altstadt angrenzen – ein Geschenk des Staatsratsvorsitzenden der DDR Walter Ulbricht für die völkerrechtliche Anerkennung seines Landes. Sind unzählige Dachterrassen und endlose Spaziergänge, ist der warme Regen, der von den Dächern prasselt und die Gassen in kleine Flüsse verwandelt. Sansibar ist ein Freund aus Daressalam, von dem ich plötzlich erfahre, dass er der Enkel des ersten Präsidenten von Sansibar ist.

Sansibar sind die Fischer, die im rotglühenden Meer den letzten Fang einholen und tagsüber mit einer Harpune im Türkis jagen gehen, sind ein wuseliger Hafen, einsame Sandbänke, Müllberge hinter schicken Hotels, in denen Hühner nach Nahrung suchen. Sind Kühe am Strand und Kinder, die mich mit kleinen Steinen bewerfen, weil ich Touristin bin. Die Weißen bringen den Müll, wird ihnen gesagt, und sie haben recht. Sansibar ist melodisches *Jambo – Jambo, Bwana! – Habari gani? – Mzuri sana.* Ist Reggae und Rhythmus, Bars und Cocktails, Bier und Fullmoonpartys am nördlichen Inselzipfel.

Sansibar ist der lachende Achmed, der uns mit seinem Taxi über die Insel fährt und erklärt, auf seiner Insel gebe es kein HIV, Sex nur in der Ehe, keine Malaria, na gut, vielleicht ein wenig Bluthochdruck hier und da. »Seid ihr verheiratet?«, fragt er Timon und mich plötzlich. Dabei blickt er uns prüfend im Rückspiegel an. »Natürlich«, lüge ich selbstbewusst und Achmed ist zufrieden. Jetzt kann er Timon fragen, ob er Potenzprobleme habe und dagegen ein wenig Muskat kaufen wolle. Er kenne einen guten Händler.

Sind Kokosnusshaine und verschlafene Dörfer im Innern der Insel, im Schatten dämmernde Hunde, Felder, auf denen Frauen arbeiten, Kinder, die Babys auf dem Rücken tragen.

Sansibar verlangt wellenreiche Überfahrten und ungehemmtes Übergeben, doch sobald die Fähre anlegt, kriechen die Versprechen aus den Winkeln dieser Insel und der unglaubliche Anblick besänftigt.

Vor mir ertönen Schritte auf dem Pflaster. Ein Mann mit einem weißen Kaftan und einer Kofia, einer muslimischen Kopfbedeckung, erscheint aus dem Schatten. »Hast du dich verlaufen?« Ich nicke etwas unsicher. »Wo musst du denn hin?«, fragt er jetzt. »Zum Darajani-Markt, da ist mein Hostel.« »Na, dann komm, ich bring dich hin«, antwortet er pflichtbewusst und schlendert an mir vorbei. Ich folge ihm. Nach einer Viertelstunde stehen wir auf dem leeren Marktplatz. Die Waren sind längst abgeräumt, ein paar Kinder schlafen am Rand, ein Hund streunt umher. »Ist es hier richtig?« – »Ja, asante sana!« Danke sehr. »Dann komm gut nach Hause.« Er dreht sich um. »Lala salama«, ruft er noch, als er wieder im Dunkel verschwindet. Schlaf schön.

nutella
Rubiçon
Coconut water

unter
Freunden
TEL +244 777438205

Angola Roadtrip

Ein ewig andauernder Bürgerkrieg und bedrohliche Landminen, die wild zerstreut unter der Erde schlummern, sind die Hauptbestandteile des Bildes, das ich in Deutschland von Angola habe. Ich möchte das Bild erweitern, verändern, komplexer werden lassen, darum reisen Timon und ich 2019 nach Angola, in ein Land, das noch immer auf Besucher wartet.

Erschöpft vom Flug liege ich auf einem Bett, der Raum ist dunkel, der Strom ist ausgefallen. Die schwüle Luft drückt auf mich herab, ich hoffe vergeblich auf einen Luftzug, nichts passiert. Dann klopft es an der Tür, Sandra steht nervös davor, sie tritt ein, ohne zu fragen. Ihr gehört das Hostel, in dem wir in Luanda, Angolas Hauptstadt, untergekommen sind. Eigentlich wollten wir von ihr wissen, wie wir am besten zum Schwarzgeldmarkt gelangen, um unsere Euro in die lokale Währung Kwanza einzutauschen. Denn dort würden wir bis zu einem Viertel des offiziellen Tauschwerts mehr bekommen. Doch das ausländische Geld ist so begehrt in diesem Land, in dem die Banken aufgrund des fallenden Ölpreises wenig Zufluss an ausländischer Währung haben, dass in der gesamten Zeit, in der wir umherreisen, jeder Mensch, den wir nach Wechselmöglichkeiten fragen, uns sofort selbst einen Tausch anbietet – so auch Sandra. Künftig werden die verschiedenen Zimmer unserer Reise Orte dieser illegalen Geldgeschäfte sein. Ein fester Ablauf des Tauschens lässt uns zunehmend kompetenter werden: Handeln, Warten, Klopfen, Zählen, Händeschütteln. Ich gewöhne mich daran.

Jetzt übergeben wir Sandra sechs Fünfzigeuroscheine. Das Abzählen der Landeswährung dauert dagegen einige Minuten, das Bett ist übersät mit Geldbündeln, der größte Schein hat einen Gegenwert von etwas weniger als zwei Euro. Sandra ist erstaunt darüber, wie klein der Eurostapel ist, den sie in der Hand hält; wir dagegen brauchen mehrere Beutel, um die getauschten Kwanza zu verstauen, und ich kann an ihrem Zögern erkennen, dass sie sich, wenn auch nur kurz, fragt, ob sie gerade von Touristen betrogen wurde.

Als wir das Hostel verlassen, empfängt uns Luanda mit all den Gegensätzen und Kontrasten, die ich so häufig auf Reisen beobachte. Es heißt, Luanda sei die teuerste Stadt der Welt, wenn man einen westlichen Lebensstil bevorzugt. Und wenn ich den Bildausschnitt richtig wähle, kann ich über die Lichter der modernen Hochhäuser im Stadtzentrum staunen, die ihren Schein auf ein sanftes Meer gießen, das von einer mit Palmen flankierten, pompösen und doch ausgestorbenen Promenade eingefasst ist. Wir trinken tagsüber Cocktails auf der Halbinsel Ilha do Cabo, vergraben die Füße im Sand und schauen aufs Meer. Diese Eindrücke der Stadt, kosmopolitisch und modern, sind jedoch nur ein Teil der Realität.

Als wir weitergehen, verschiebt sich der Bildausschnitt, nur ein wenig. Jetzt sehe ich ein Wellblechmeer, das sich dem Horizont entgegenschiebt. Würden die metallenen geflickten Dächer tatsächlich das Gewicht eines Menschen aushalten, so könnte ich auf ihnen mehrere hundert Meter weit bis zu den Hochhäusern im Zentrum laufen, die sich in der Ferne wie dicke Betonfinger dem Himmel entgegenräkeln. Eine einzelne Palme drängt sich durch die Dächer hindurch, ein kleiner grüner Punkt zwischen dem Blech. Bettler hocken im schmalen Schatten unter Brücken und kleinen Hausvorsprüngen, während die Sonne auf die Stadt niederbrennt.

Im letzten Tageslicht kehren wir mit zwei Motorradtaxen zu unserem Hostel zurück. Die Jungs sind nett und hartnäckig, wir wissen nicht mehr genau, wo wir wohnen. Wir haben eine Adresse, die niemand kennt, also fragen sie alle paar Meter jemanden nach dem Weg. Sie machen es sich zur persönlichen Aufgabe, uns zu unserer Unterkunft zu bringen.

Sandras Hostel liegt inmitten eines Dutzends riesiger, heruntergekommener, mehrstöckiger Kastenwohnhäuser im Stadtviertel Prenda. Es ist bekannt für schlechte hygienische Bedingungen und häufigen Trinkwassermangel. In meiner Fantasie muss dieses Viertel Zentrum von Bandenkriminalität und Drogengeschäften sein. Zwischen den Häusern werden Autos ausgeschlachtet, und die Fenster erinnern mich an Löcher, die höchstens etwas Sauerstoff, auf keinen Fall Licht in die moderigen Zimmer einströmen lassen. Doch als wir endlich in unsere Straße einbiegen, liegt ein zarter Rotton auf den gammeligen Betonwänden, die Sonne versinkt im Meer. Eine Frau entleert Wasser aus einem der Fenster, vor einer in ein Wohnhaus eingebauten Kirche stehen gestapelte Kinderstühle, Frauen sitzen auf dem Boden, breiten Waren aus und flechten sich die Haare, saubere Wäsche hängt von den Häusern, Musik schwingt durch die Luft. Meine Wahrnehmung des Großstadtslums verwandelt sich, wird besänftigt, in den wenigen Augenblicken, da ich auf dem Motorrad durch diese Gegend fahre. Immer wieder winken die Motorradjungs den Menschen auf der Straße zu.

Als wir Sandras Hostel am Abend wieder verlassen, ist es bereits dunkle Nacht. Wir wollen einen Spaziergang durch unsere neue Nachbarschaft machen, ich habe mich noch nicht für ein Gefühl entschieden, weiß nicht, ob ich die Umgebung als bedrohlich wahrnehme, weil sie es tatsächlich ist oder weil ich einfach zu viele negative Assoziationen mit dieser Art von Wohngegend verbinde.

Wir sind nur einige Meter vom Hostel entfernt, als wir auch schon das erste Mal begrüßt werden. Die Menschen stellen Fragen, lachen uns freundlich an, sind ein wenig neugierig, wir fühlen uns wohl. In einer winzigen Bar in einem der Wohnhäuser lassen wir den Tag Revue passieren. Es scheint so, als gehörten die Menschen zwischen den Plattenbauten eher zu einem riesigen Dorf, anonym ist hier niemand. Natürlich durchblicke ich nicht die Strukturen in diesem Viertel, in dieser Stadt, die Gegensätze bleiben und lassen sich nicht verkennen. Ich weiß aber nach nur einem Abend in Angola, dass die Schwarzgeldtauscher so nervös sind wie ich, dass mich immer jemand nach Hause bringen wird und dass es bedenkenlos möglich ist, ein Bier am Abend zu trinken und nett mit den Leuten zu plaudern.

Vielleicht ist diese Erkenntnis ein Grund dafür, weshalb wir sorglos in den Flieger einsteigen, der uns von Luanda nach Namibe, einer Wüstenstadt im Süden Angolas, bringen wird. Anschließend wollen wir mit öffentlichen Verkehrsmitteln einmal durchs Landesinnere reisen, bevor es zurück nach Luanda geht. Als wir nun vor das kleine Flughafengebäude in Namibe treten, gibt es weder Taxen noch Busse. »Holt euch keiner ab?«, fragt uns ein älterer Herr, er will sofort helfen. Also geht er zum einzigen Auto, das hier steht, und redet mit Hugo. Er winkt uns zum Abschied, als Hugo schon auf uns zukommt. »Na, wo müsst ihr denn hin?« Wir erklären ihm unsere Situation, er lässt seine Freunde warten, die bald ebenfalls hier auftauchen müssten, und fährt uns zwanzig Minuten zu unserer Unterkunft am Meer, einer Herberge, bestehend aus alten Schiffscontainern, die zu Schlafplätzen umgebaut wurden. Hugo wünscht uns alles Gute und fährt wieder zurück zum Flughafen. Nur ein Dankeschön wollte er dafür haben.

Seenebel liegt über dem Meer, als ich am nächsten Morgen aus dem Container trete und mich umblicke. In der Ferne sitzen drei Männer reglos auf einem einsamen Holzschiff am Strand und starren auf das Wasser. Worauf sie warten, wissen nur sie. Hinter ihnen liegt ein rostendes Schiffswrack, die Independencia, die Unabhängigkeit, und widersetzt sich störrisch den Gezeiten, vergräbt ihren Bauch im Sand, kämpft um die alte Schönheit, die nun durch die Wellen, das Salz und die Hitze immer weiter abblättert. Ausgefranste Löcher wurden in ihre Seite gefressen, bald ist sie weg.

Am Vormittag erkunden wir die Stadt, die mit ihren knapp 300.000 Einwohnern drittgrößte Hafenstadt des Landes ist, und registrieren riesige Werbebanner, die leer sind, nichts verkaufen. Wir begeben uns hinein in die Menschenflut des Fischmarktes, ins Anpreisen und Feilbieten, beobachten Frauen, die an der Straße stolz den Fang des Tages hochhalten, spüren das enttäuschte Herabsinken ihrer Arme, wenn die Autos vorbeifahren, und hören das freudige Geschrei, wenn sie stoppen. Wir nehmen die sanften Farben wahr, die hier herrschen, ein Hauch von Grün, von Blau, von Rot, ganz zart. Nur das Gelb ist nicht nur blass, sondern auch kräftig, zeigt sich in allen Nuancen und Variationen, sagt uns so deutlich, wo wir gerade sind: in der letzten Stadt vor der riesigen Wüste, der Namib, die sich auf etwa zweitausend Kilometern von der südlichen Küste Angolas über die gesamte Küste Namibias bis hinein nach Südafrika erstreckt. Und genau diese warme Weite wollen wir erleben, uns verlieren im Ockergelb, Honiggelb, Goldgelb.

Also fahren wir am nächsten Tag los, nach Süden, mit Pedro, unserem Herbergsvater. »Kommst du aus Portugal?«, frage ich ihn aufgrund seiner weißen Hautfarbe neugierig und erkenne erst zu spät, dass ihn die Frage kränkt. »Nein, ich bin Angolaner, hier geboren, hier aufgewachsen und hier werde ich auch sterben.« Seine Kinder sind ausgewandert, haben ihn verlassen, erzählt er daraufhin. Ich bin mir unsicher, ob seine Antwort deshalb so stolz, so vehement ist. An der letzten Tankstelle vor dem ewigen Sandmeer lässt er ein wenig Luft aus den Reifen unseres Geländewagens, die geteerte Straße ist beinahe vollständig vom wehenden Sand verschluckt. Nur eine kleine graue Spur in der Mitte verrät noch, was unter dem Gelb ist. Etwas abschüssig erkenne ich einen Friedhof, der bereits mitten in den Sandwellen steht und so viele Kreuze beherbergt, dass ich mich darüber wundere, wie die ganzen Toten in diese Einsamkeit gekommen sein mögen. Dann lassen wir den Friedhof hinter uns, die Menschen, die Straßen und Städte und werden stumm. Der Sand bewegt sich unter den Reifen. Langsam, ganz langsam tauchen wir in eine Welt ein, die bei mir Gefühle der Faszination und der Bedrohung auslöst. Wir sind nun in der Namib, dieser urzeitlichen Landschaft, die mit ihren vermutlich achtzig Millionen Jahren die älteste Wüste der Welt ist. Lange bevor Menschen existierten, lag sie bereits hier.

Als sich der Morgendunst verzieht, sehe ich die nur hier vorkommende Welwitschie, die wundersame Pflanze, die bis zu zweitausend Jahre alt werden kann und doch nur ein einzelnes Blattpaar hervorbringt. Zebras, Nashörnern und Oryx-Antilopen dient sie als Nahrung. Dahinter türmt sich der Sand auf, erst vorsichtig, dann immer deutlicher. Kleine Dünen zeichnen weiche Formen in die Weite, die Kargheit der Landschaft ist betörend, befreiend, beängstigend. Obwohl der Mensch hier kaum überleben kann, es weder Wasser noch Essbares gibt, sehe ich die Schönheit.

Die Sonne steigt langsam höher, der Schatten des Autos verschwindet. Und gerade als ich einem seltsamen Gedanken nachgehe und mich frage, ob wir eigentlich ein Ziel haben, in dieser sandigen Unendlichkeit, sehe ich den ersten tiefblauen Schimmer einer neuen Landschaft, die gegensätzlicher und gleichsam ähnlicher nicht sein könnte – das Meer. Nach einigen Minuten liegt es vor uns, das Auto hält, ich steige das erste

Mal auf einer erhöhten Düne aus und versuche nun mit allen Sinnen das Bild zu greifen, das sich hier abzeichnet. Die beiden Weiten liegen jetzt nebeneinander, das Gelb und das Blau. Wüste und Meer verschmelzen unter demselben Himmel.

Ich entferne mich vom Auto, ganz vorsichtig. Spuren von Schakalen laufen aufeinander zu, begegnen sich im Sand und entfernen sich, eine tote Robbe und der Panzer einer Schildkröte sind am Strand angespült worden. Pedro berichtet von diesem Küstenabschnitt, der Skeleton Coast (Skelettküste) genannt wird. Hier liegen viele Tierkadaver, besonders die von Walen, und Schiffswracks, denen die raue See und die kalte Meeresströmung zum Verhängnis wurden. »Manche wollen mit ihren Geländewagen am Strand bis nach Namibia fahren und verschätzen sich. Wenn die Flut kommt, schaffen die Autos es nicht die steilen Dünen hinauf, also werden sie von den Wellen verschluckt«, erklärt Pedro. An diesem Abschnitt gesellen sich neben den Schiffswracks auf dem Meeresboden also auch Autos.

Am Nachmittag will uns Pedro eine Oase zeigen, den Arco-See. Wir verlassen die Dünen, der Boden wird härter, bricht auf, erst vorsichtig, dann immer drastischer. Ich staune über die Formenvielfalt, die in der scheinbaren Einöde herrscht. Ein natürlich geschaffener Weg führt uns hinab, ein Labyrinth, in das wir jetzt eintauchen. Vorsichtig navigiert uns Pedro in die Schluchten. Scharfe Kanten und abstrakte Felsformationen erscheinen neben uns. Immer höher werden die sandgelben Wände, dunkle Löcher zeigen kleine Höhlen. Dann wachsen plötzlich Bäume aus dem Boden und verraten, dass die Oase nah sein muss. Unter ihnen im Schatten sitzen ein paar Frauen, zwei Kinder kommen angerannt. Pedro begrüßt sie, hält an, setzt sich dazu. Weil er sich gern unterhalten möchte, dreht er sich zu uns und erklärt: »Ich warte hier auf euch. Die zwei Kinder begleiten euch auf den letzten Metern zur Oase.« Dabei zeigt er in Richtung eines kleinen Trampelpfades. Unsere Fremdenführer sind diesmal fünf Jahre alt, erst nächstes Jahr werden sie den zweistündigen Marsch zur nächsten Schule zurücklegen, wie ihre älteren Geschwister es tun. Wir folgen den Kleinen, die bereits in dieser rauen Gegend vorgelaufen sind, sich auskennen wie kein anderer. Gelegentlich schauen sie sich um, sie wollen wissen, ob wir noch da sind. Der Abstand zwischen uns verringert sich allmählich, sie legen ihre Scheu ab. Sprachlos zeigt uns der Junge Stechinsekten und zieht eine Grimasse. Die Stiche tun weh, will er sagen. Dann rennt er zu einem Felsen, der mit einer weißlichen Kruste überzogen ist, schüttelt vehement seine Hand und deutet auf seine Haut. Lieber nicht anfassen, das kann ätzen, interpretiere ich. Wir wandern zwischen engen Felspassagen hindurch, immer leicht bergauf. Kleine Sträucher zeigen, dass es Wasser geben muss. Kobaltblau ist der Himmel, grell die Sonne. Noch können wir nicht die Landschaft überblicken, nur das sehen, was direkt vor uns liegt. Unter unseren Füßen kommt weicher Sand zurück, das Terrain öffnet sich ein wenig. Die Kinder klettern links vom Weg auf einen felsigen Vorsprung und schauen uns erwartungsfroh an. Vorsichtig folgen wir ihnen, dann ist es so weit. Das Land gibt den Blick endlich wieder frei!

Ich stehe etwas unterhalb der Kinder, sie schauen auf die Oase hinab, die ihnen ein Leben an diesem Ort ermöglicht. Saftige Büsche und Grasland wachsen an den Ufern eines einsamen Sees, Kühe weiden, rosarote Flamingos harren in der Sonne aus, dahinter die Wüste, endlose Dünen. Der Junge lacht und streckt schließlich den Finger aus. Dort ist sie, sagt er wortlos.

Danke, dass du mir deine Welt zeigst, antworte ich gedanklich. Genau so soll es sein. Wenn sich ein Mensch meiner annimmt, mich durch seine Augen seine Realität betrachten lässt, mir hilft, egal wie, dann spüre ich die Geborgenheit, die ich brauche, um immer wieder aufzubrechen. Denn das Gefühl, im Austausch mit Menschen zu stehen, die plötzlich nicht mehr fremd sind, ist die Essenz der Reisesucht, der Kern des vielumwobenen Reisefiebers. Die Welt ist ein freundlicher Ort. Ein schlichter Satz mit einer enormen Wucht. Und genau diese Erkenntnis bestätigten viele der Menschen, denen wir auf unserer Reise durch Angola begegneten.

In Lubango, einer Stadt im Südwesten Angolas, trafen wir Edson. Er brachte uns in seinem Auto nach Tunda-Vala, einem beeindruckenden Aussichtspunkt oberhalb einer vulkanischen Schlucht, die etwa tausend Meter steil in die Tiefe geht. Weil wir uns wortlos gut verstanden, tranken wir im Anschluss Bier in einer Bar in der Stadt, wir kommunizierten über die Familienfotos auf seinem Handy, über schlechte Google-Übersetzungen und natürlich unsere Hände. In Huambo opferte ein Kellner seine Pause für uns. Weil wir ihn nach einem bestimmten Haus in der Stadt gefragt hatten, wollte er uns unbedingt selbst mit seinem Motorrad dorthin bringen. In Malanje fuhren wir zu einem kleinen Busbahnhof, weil wir einen Weg suchten, um zu den Kalandula-Wasserfällen zu gelangen. Schnell waren wir von einer Traube Männer umgeben. »Was wollt ihr dort machen?«, fragte einer neugierig. »Dort gibt es nichts außer Wasser, das vom Felsen fällt!« – »Das sind Touristen«, meinte ein anderer, »die machen Fotos und solange musst du auf sie warten.« – »Ah, davon hab ich schon mal gehört«, sagte ein Dritter interessiert. »Bekommt ihr Geld dafür, dass ihr nach Angola reist?«, wollte jetzt ein vierter Mann wissen. »Nein«, antworteten wir und erklärten, dass es uns interessiert, wie die Natur, die Kultur und besonders die Menschen in Angola sind. »Dort, wo wir herkommen, kennen Angola alle nur aus den Nachrichten, wegen des Krieges«, sagte ich vorsichtig.

Die Männer nickten müde. Menschen, die ihr Land nur bereisen wollen, waren ihnen zuvor noch nie begegnet. Zwei junge Männer entschieden sich schließlich dazu, uns für einen angemessenen Preis zu den Wasserfällen zu bringen. Schnell bemerkten wir, dass es auch ihnen Spaß machte, ihr Land aus einer touristischen Perspektive zu betrachten, und so fuhren wir am nächsten Tag nochmals gemeinsam los, zu den schwarzen Felsen von Pungo Andongo, einer Formation in der Nähe des gleichnamigen Ortes. Dort marschierten wir nun zu viert durch die von Legenden umwobenen Monolithen. Sie zeigten uns die versteinerten Fußspuren der Königin Nzinga von Ndongo und Matamba, die im 17. Jahrhundert herrschte, während die tiefgrüne Ebene im Hintergrund leuchtete.

Auf der Überlandfahrt von Malanje zurück nach Luanda hielt mir eine ältere Frau in der Pinkelpause mitleidig ihre Kanga entgegen. Ich war nur aus dem Bus ausgestiegen, um mir die Füße zu vertreten. Doch sie dachte, mir fehle die Kanga, der Sichtschutz, um mich neben dem Bus zu erleichtern.

Mein einseitiges Bild von Angola wurde umfassender durch die Erfahrungen und Begegnungen, die ich vor Ort machte. So viele dieser kleinen Momente waren bedeutsam und bestätigten einmal mehr, was Jean-Jacques Rousseau längst gewusst hatte: »Überall, wo Fremde selten sind, werden sie gut aufgenommen.«

DER
SCHWARZE
HAHN

Angola
Huambo

Lange starre ich auf eine Flagge: Ein schwarzer Hahn steht auf roter Erde. Stolz hat er die Brust vorgeschoben, die Schwanzfedern gespreizt, während er lautlos kräht. Über dem Horizont geht die Sonne auf, sie eint die Völker Afrikas. Ihre spitzen Strahlen stechen in den grünen Himmel, der zwischen den roten Streifen liegt, der Farbe des Blutes, das während der Fremdherrschaft vergossen wurde. Es ist Zeit! Die Völker Afrikas sollen sich gegen die Kolonialmächte erheben, endlich erwachen aus der Starre und der Unterdrückung. Der Widerstand kann beginnen! – Das alles symbolisiert die Flagge der UNITA (União Nacional para a Independência Total de Angola), der zweitgrößten Partei Angolas, die 1966 von Jonas Savimbi während des Unabhängigkeitskrieges (1961 – 1974) mit dem erklärten Ziel gegründet wird, eine völlige Unabhängigkeit von Portugal zu erreichen. Im sogenannten Afrikajahr 1960 erhalten achtzehn Kolonien auf dem afrikanischen Kontinent, darunter vierzehn französische, zwei britische und jeweils eine belgische und italienische, ihre Unabhängigkeit. Die Kolonialmacht Portugal hingegen, eine strenge Militärdiktatur unter António de Oliveira Salazar, will ihre Kolonien nicht aufgeben und beschreibt sie jetzt sogar als Überseeprovinzen, die in der Verfassung als Teile Portugals festgelegt werden. Der bereits in den 1950er Jahren formierte angolanische Widerstand mündet

1961 im Befreiungskampf: Im Januar verbrennen Baumwollpflücker ihre Ausweise und greifen portugiesische Händler an, woraufhin die portugiesische Armee zwanzig Dörfer mit Napalm bombardiert. Etwa siebentausend Menschen sterben. So wie die angolanischen Befreiungsbewegungen FNLA (Frente Nacional de Libertação de Angola) und MPLA (Movimento Popular de Libertação de Angola) kämpft auch die UNITA jahrelang recht erfolglos gegen die portugiesische Übermacht. Als jedoch infolge der Nelkenrevolution am 25. April 1974, eines linken Militärputschs, die autoritäre Diktatur Salazars beendet wird und erstmals in Portugal freie und demokratische Wahlen stattfinden, ziehen sich die Portugiesen endlich aus sämtlichen Kolonien zurück und hinterlassen ein Machtvakuum, das in Angola nicht friedlich gefüllt werden kann: Zu viele Gruppierungen bestimmen unterschiedliche Landesteile. Im November 1975 rufen die MPLA in Luanda mit sowjetischer und kubanischer Unterstützung sowie zeitgleich die UNITA in Huambo mit der Unterstützung Südafrikas, Chinas, der Vereinigten Staaten sowie des damaligen Zaires die Unabhängigkeit aus. Zwei Regierungen beanspruchen ein Land, die Fronten verhärten sich erneut. Völkerrechtlich betrachtet wird der Unabhängigkeitskrieg nun als Bürgerkrieg fortgesetzt, der beinahe drei Jahrzehnte andauern wird und Jonas Savimbi verschiedenste Namen einbringt: Einen »heldenmütigen Freiheitskämpfer« nennen ihn Vertreter der bayrischen CSU, die Savimbi 1991 nach München einladen; »Machiavelli des Buschs« der Journalist und Afrikakorrespondent Bartholomäus Grill; »Schlächter mit

Doktortitel«, sagt der UNITA-Abtrünnige Sousa Jamba; Terrorist das Europaparlament. Von seinen Unterstützern wird Savimbi *The Black Rooster* – Der schwarze Hahn – genannt, er steht im Zentrum der Macht, des Tumults, des Krieges.

1992 finden endlich freie Wahlen in Angola statt, die Hoffnung auf Frieden wächst. Savimbi lässt sich bereits Monate zuvor als zukünftigen Präsidenten feiern. Seine Niederlage ist umso härter. Der Rebellenführer verliert, die MPLA erreicht im Parlament die Mehrheit. Der militärische Arm der UNITA unter Savimbi greift erneut zu den Waffen, zieht sich ins Hinterland zurück, erkennt die Wahl nicht an und verliert damit seine internationale Legitimität. Viele seiner ausländischen Unterstützer bleiben ihm jedoch treu, versorgen ihn mit Geld und Waffen. Damit verlängern auch sie einen Krieg, der insgesamt etwa eine halbe Million Menschen das Leben kostet, zweieinhalb Millionen heimatlos macht, über hunderttausend verstümmelt zurücklässt. Hungersnöte quälen das angolanische Volk, das Landminenrisiko ist bis heute groß, jährlich sterben Menschen an Detonationen, das Bestellen der Felder birgt in vielen Landesteilen eine immense Gefahr. Zuerst geht es in diesem Krieg um Ideologien, um die Befreiung eines Volkes, die Rückgewinnung einer eigenen Identität, letztlich aber nur noch um die absolute Herrschaft, auf allen Seiten.

Im Februar 2002 kräht der Hahn ein letztes Mal, dann wird ein lebloser, mit Blei versetzter Körper aufgefunden. Es ist Savimbi, erschossen auf der Flucht vor angolanischen Regierungstruppen. Sein Tod kennzeichnet das Ende eines

Bürgerkrieges, eines Stellvertreterkrieges, dessen Protagonisten und Finanziers teils schon vor Jahren von der Weltbühne verschwunden waren. Die UNITA unterzeichnet eine Waffenstillstandserklärung und wird zur Partei. Es ist widersprüchlich: Das Leben eines einzigen Mannes bedeutete Krieg, sein Tod dagegen Frieden.

Die Fahrt von Lubango nach Huambo hätte sechs Stunden dauern sollen, am Ende sind Timon und ich sechzehn Stunden unterwegs. Die Gedanken hatten viel Zeit, um sich auf diese außergewöhnliche Stadt einzustellen: Das zentral gelegene Huambo, drittgrößte Stadt Angolas mit über 800.000 Einwohnern, war während des Krieges Hochburg der UNITA, Savimbi hatte hier lange Zeit seinen Hauptsitz. In den 1980er Jahren war sie Schauplatz der Kämpfe zwischen der MPLA und der UNITA. Infolgedessen wurden die Straßen um Huambo herum schwer vermint. Während der Wahl 1992 war die Stadt unter Kontrolle der MPLA. Nachdem sie 1993 von der UNITA erobert wurde, folgte ein fünfundfünfzig Tage andauernder Belagerungskampf, in dem etwa zehntausend Menschen starben. Unzählige weitere flohen aus Huambo, nur um von den Landminen in die Luft gesprengt zu werden. Im Januar 1997, ein halbes Jahr vor ihrem eigenen Tod, machte Prinzessin Diana auf die grausamen Sprengkörper aufmerksam, indem sie ein Minenfeld in Huambo besuchte.

Als jetzt auf der langen Fahrt, der Kriegshauptstadt entgegen, plötzlich ein Reifen unseres Busses platzt, trete ich vorsichtig auf die asphaltierte Straße. Alles, was ich sehe, ist

Dickicht. Es ist Mittagszeit, die Sonne steht senkrecht, gleißendes Licht brennt in den Augen. In der Ferne flackert die Luft über der erhitzten Straße. Ich warte, bis der Bus leer ist, die Menschen an den Straßenrand treten, um Schatten unter Bäumen zu suchen. Ich beobachte, wie sie sich verhalten, ob sie sich unbeschwert in die Landschaft wagen. War diese Straße auch vermint? Sind hier bereits alle Minen detoniert oder schlafen sie noch immer unter der Erde und warten? Alex Vines, Chef des Afrika-Programms der Denkfabrik Chatham House, berechnet im September 2019, dass mit den aktuellen finanziellen Mitteln Angola erst im Jahre 2046 minenfrei sein wird.

In den letzten Stunden sah ich beim Blick aus dem Fenster auffällig viele Autowracks, von Menschen zurückgelassene, ausgeschlachtete, der Räder beraubte Metallgerippe, manchmal mit Einschusslöchern, manchmal mit Ruß bedeckt, verkohlt, verrostet und immer von der Natur vereinnahmt. Ich kann nur spekulieren, warum sie am Wegesrand verrotten. Normalerweise würde ich die Gegend erkunden, zwischen Gräsern, Bäumen, Blumen streunen, doch an diesem Ort habe ich ein mulmiges Gefühl, also bleibe ich in der Nähe des Busses. Vorsichtig setzen wir uns an den Straßenrand und warten, drei Stunden lang, bis ein anderer Bus uns einen neuen Reifen aus Lubango vorbeibringt.

Dann endlich fahren wir wieder Huambo und dem Abend entgegen. Ein gewaltiger Sturm zieht auf, dramatisch türmen sich dunkle Wolken in der Ferne. Geschliffene, manchmal kegelförmige, unnatürlich erscheinende riesige Felsen liegen verstreut in der Landschaft. Vereinzelt halten wir an Dörfern, kaufen Wasser und Verpflegung, das Warten hat die Passagiere erschöpft. Inmitten eines Marktes sitzt ein kleiner ernster Junge vor Bergen von Kartoffeln, Möhren, Avocados. Frauen wuseln um ihn herum, eilen zum Bus, halten jetzt Backwaren, Nüsse und Obst hoch. Die Besonnenheit, mit der er die Welt um sich herum vorbeirauschen lässt, rührt mich. Er ist Teil einer neuen Generation, die ein erschüttertes Land gestalten wird. Auf einem felsigen Untergrund liegt rücklings eine blutende Kuh, ihr Bauch ist geöffnet, die Machete ruht. Eine Frau hält ein Bein des leblosen Tieres hoch, während ein Mann mit einem Messer es vorsichtig häutet. Die dunkle Farbe des Felsens verrät, dass hier häufiger geschlachtet wird. Dorfbewohner gehen ungerührt an dieser alltäglichen Szene vorbei, die aus meinem Alltag jedoch verschwunden ist, nur noch hinter Türen stattfindet. Der Bus fährt weiter, der Tag schwindet.

Die ersten Regentropfen prasseln an das Fenster, erst zart und fein, dann immer kräftiger. Ein Unwetter tobt nun über uns, die Sonne sinkt rasch. Am Horizont öffnet sich die Wolkendecke und lässt die Sonne parallel zum Boden ihre warmen Strahlen über die nasse Erde wehen. Das spärliche Licht verwandelt die dichten Regenfäden in ein zauberhaftes, fließendes Gewebe. Die Wolkenberge glühen dunkelrot über Angola. Das Gewitter wütet noch immer, als wir nach sechzehn langen Stunden in der Nacht unser Ziel erreichen. Der Verkehr ist beinahe verstummt, ein Mann nimmt sich unser an, wir springen auf die Ladefläche eines klapprigen

Transporters und brausen durch den Regen. Das Hostel, das wir suchen, ist in der Nacht nicht aufzufinden, wahrscheinlich geschlossen. Ausgerechnet in dieser Stadt halten wir nun vor einem Hotel – einem echten Hotel mit kitschig-schickem Eingang. Der uniformierte Mann vor uns an der Rezeption zeigt, dass hier nicht hauptsächlich Touristen, sondern Militärmenschen und Freunde des Militärs absteigen. Wir sind nass, wir sind kaputt, wir nehmen ein Zimmer. Am nächsten Morgen entdecken wir das Wappen des Hotels: zwei sich gegenüberstehende Kalaschnikows, in der Mitte ein Schwert. Ein Schild sagt, dass es vom Generalstabschef der angolanischen Streitkräfte Geraldo Sachipengo Nunda, einem ehemaligen UNITA-General, am 5. Oktober 2013 eingeweiht wurde.

An diesem Sonntagmorgen sehe ich das erste Mal in meinem Leben eine Stadt, die, obwohl nun Frieden herrscht, im Gewand des Krieges erscheint: Wir begegnen José Norton de Matos, einem portugiesischen General der 1920er Jahre. Mit einem Kopfschuss und etlichen weiteren Verletzungen steht er eisern, in herrischer Kolonialistenpose, auf seinem Podest und schaut auf die Stadt herab. Ein paar Kinder klettern an ihm hoch, Eltern machen mit ihren Smartphones Fotos. Der Platz ist seltsam aufgeräumt, das Gras geschnitten, die Freiflächen riesig. Wir schlendern durch die Straßen. Einschusslöcher, abblätternder Putz, Ruinen, zerbrochene Fenster überwiegen im Stadtbild. Türen und Tore sind aus ihren Angeln gehoben. An die Wand einer winzigen Tankstelle ist eine alte Karte Angolas gezeichnet worden, die noch immer ein Land mit portugiesischen Namen zeigt. An einem Haus, die

Seiten sind geschwärzt vom Gewehrfeuer, die Einschusslöcher unzählbar, steht: Versicherung in allen Branchen. Darüber prangt wie zum Hohn das Wort »Ruhe«. Einsame Grasbüschel wachsen auf dem flachen Dach. Mit bröckeligen Mauern abgesperrte riesige Plätze, von Müll übersät und von Gestrüpp überwuchert, geben einen Blick frei auf Hochhäuser, die so abgeschirmt, verarmt, vereinsamt aussehen, als wollten sie sich gegen die Stadt, ihren Standort wehren. Wäsche hängt auf einigen Balkonen. Manche der Einschusslöcher in den Häusern sind so groß, dass unter dem Putz der nackte Stein hervorkommt, die ganze Wand sich auflöst, das Haus langsam ablebt. Regenwasser hinterlässt dreckige Spuren auf kaltem Beton.

Gesang schwingt durch die Straße. Er ist nicht fröhlich, er ist nicht traurig, er ist einfach nur da. Unter einem Balkon sitzt ein blinder Mann auf einem kleinen Vorsprung, er spielt Gitarre. Eine Gelddose steht vor ihm, den Blindenstock hat er an das Fenster gelehnt, in der Ecke liegt eine zerbrochene Whiskyflasche auf der sandigen Erde. Seine weißen Socken schlagen zwischen Hosensaum und schwarzglänzenden Mokassins Falten. Der Kragen seines weißen Hemdes liegt locker auf, den obersten Knopf hat der Gentleman geöffnet. Ich stecke ihm etwas Geld in die Dose, weil es sonst keiner tut. Es tut keiner, weil es keine Menschen auf dieser Straße gibt. Also doch Ruhe, eine unheimliche Ruhe, und dann ein bisschen Musik.

Wir gehen an leeren Geschäften vorbei, hin und wieder sitzt ein einsamer Wachmann vor einer Bank und lehnt sich auf seine Kalaschnikow. Eine Weile später entdecken wir ein kleines Bäckereigeschäft. Die Backwaren duften gut in unserer Tüte, als wir wieder auf die Straße treten. Dort warten drei Jungen, ich schätze sie zwischen fünf und acht Jahre alt. Zwei von ihnen sind barfuß, der dritte besitzt einen Schuh. Sie sind zerzaust, keck, auf Überlebenskampf eingestellt. Sie tragen die Kleidung am Körper, die sie finden konnten. Einem der Kinder rutscht die Hose permanent herunter, ein anderes ist in eine Art Bademantel gewickelt. Löcher weisen alle Kleidungsstücke auf. Der Dreck der Straße klebt in den Haaren, an den Händen, in der Seele. Sie wollen unsere Brötchen, wir geben sie ihnen. Sie bedanken sich nicht, sie wollen nur essen. Sie laufen ein paar Meter weiter zu einer Ecke, an der sie sich niederlassen können, und fangen an zu streiten. Es ist ein Streit unter Menschen, die Hunger haben. Erneut kaufe ich Brötchen beim Bäcker und bringe sie den Kindern. Und doch weiß ich, dass die Brötchen nur für wenige Augenblicke den Schmerz des Hungers hinauszögern, dieser winzige Akt der Fürsorge im Nichts schwindet. Sollte ich mehr investieren, mehr für sie sorgen oder mich erst gar nicht einmischen? Es ist die ewige Frage, auf die es keine Antwort gibt, die zufriedenstellt. Irgendwo muss ich immer eine Grenze ziehen. Wenn ich die Kinder ignoriere, mich nie um irgendwen sorge, dann ist die Grenze schnell erreicht. Dann habe ich mich dafür entschieden, keine Empathie zu empfinden, das Leid nicht in mein Herz zu lassen, die Menschen nicht mehr wie Menschen zu behandeln. Wenn ich auf sie reagiere, ihnen irgendetwas gebe, etwa Geld, Essen, Kleidung, dann muss ich bestimmen, wie viel es ist. Wenn ich mich eines Kindes vollkommen annehme, es dauerhaft versorge, dann fällt die Wahl auf ein bestimmtes Kind, ein anderes dagegen bleibt auf der Straße. Egal, wie ich mich entscheide, am Ende sagt eine innere, quälende Stimme: Es hätte mehr sein können, es hätte mehr sein müssen!

Armut ist mir bisher in den unterschiedlichsten Formen, auf unterschiedlichste Weise begegnet. Und doch ist jede Situation anders. Ich möchte keine Hierarchien aufstellen, nicht sagen, welche Art der Armut schlimmer, welche besser ist. In Huambo merke ich jedoch, dass mir der Vorsatz nicht gelingt. Denn hier leben Waisen, viel zu viele Straßenkinder, die sich an niemanden wenden können, die von der Gutmütigkeit der Menschen, denen sie begegnen, abhängig sind, die in kleinen Grüppchen durch die Stadt ziehen. Hier sitzen vor Geschäften, auf Märkten, an Straßenrändern verkrüppelte Erwachsene, grausam verstümmelt, des Augenlichts beraubt, Hände und Füße abgehackt, von Krankheiten zerfressen. Die Menschen gleichen Relikten, alten Kriegsüberbleibseln, die neben den Einschusslöchern in den Häusern und all der Verwüstung, die hier herrscht, nicht leben, bloß noch da sind. Sie vegetieren in der grausamen Form einer Zwischenexistenz vor sich hin und können sich nicht aus eigener Macht aus dieser Lage befreien. Sie werden sowohl vom Leben als auch vom Tod verhöhnt - das ist ihr Zustand. Die Begegnung mit dem Hunger in dieser Stadt sensibilisiert mich, lässt mich noch genauer meine Umwelt beobachten, und ich werde in den nächsten Tagen feststellen, dass viele Menschen in diesem Land, selbst die als korrupt verschrienen Polizisten, ihren Mitmenschen Essen und Trinken anbieten.

An diesem Tag entscheide ich mich dafür, dass irgendetwas besser ist als gar nichts. Die ewigen Bedenken, dass Kinder zu Bettlern erzogen werden, wenn man ihren Forderungen nachkommt, ignoriere ich. Wenn diese Kinder, die mir hier gegenüberstehen, nicht zu Bettlern werden, dann sterben sie, eine andere Option ist unwahrscheinlich. Vielleicht mache ich alles richtig, vielleicht mache ich alles falsch, ich kann es nicht sagen, wer weiß das schon?

Als wir weitergehen, beschließen wir, den Rucksack mit Broten zu füllen. Ein voller Rucksack mit Backwaren wird von jetzt an zu unserem Reiseequipment in Angola gehören. Gegen Mittag kommen wir an einer wüst aussehenden Freifläche vorbei. Das Gras ist hochgewachsen, die Natur ist verdreckt. Etwas abseits der Straße sehen wir zwei große Müllcontainer und drei kleine Kinder, vielleicht vier Jahre alt, die nach Essbarem suchen. Wir greifen in den Rucksack, holen Brot heraus. Dieses Mal werden wir nicht darum gebeten, sondern schreiten selbst ein, wir entscheiden, dass wir den Kleinen etwas anbieten wollen. Wir nähern uns vorsichtig, das hohe Gras streift meine Beine. Irgendetwas an der Situation ist seltsam, ist neu, aber ich begreife es nicht. Stück für Stück tasten wir uns vorwärts, die Kinder wühlen im stinkenden Abfall, hochkonzentriert, ohne Erfolg. Das Brot halte ich ausgestreckt, damit die Kinder es schnell erkennen können. Wir halten etwa fünf Meter vor ihnen an, wollen sie nicht bedrängen. Mein Kopf ist leer, mein Herz versuche ich zu schließen, unfassbar traurig ist dieses Bild. Am liebsten würde ich alle in den Arm nehmen, ihnen sagen, dass die Welt nicht so sein muss, sie ganz anders, schön und friedlich sein kann. Doch hier bin ich in ihrer Welt, nicht in meiner, und diese Welt, ihre Lebensrealität, besteht aus dem Verlangen, das Grundlegendste, das ein Mensch zum Leben benötigt, zu finden: Essen, Trinken, vielleicht auch Geborgenheit in der Gruppe. Da keines der Kinder uns bemerkt, rufe ich ihnen ein freundliches *Olá* zu. Die drei schrecken hoch. Eines rennt panisch weg, das Zweite verfällt in Schockstarre und reißt vor Angst die Augen weit auf, aus dem Dritten ertönt ein langanhaltender, ohrenbetäubender, schriller Schrei. Er ist herzzerreißend, tief verzweifelt. Das Kind schreit um sein Leben, es schreit in meinen Kopf, in mein Herz, sein Schrei setzt sich in mir, an mir fest. Ich kann ihn noch immer hören. Diesen Schrei habe ich verursacht, ich habe ihn hervorgerufen. Und Savimbi, Savimbi, Savimbi! Jetzt versucht das dritte Kind zu rennen, es dreht sich um, schaut, ob wir folgen. Das zweite hat sich gerührt, weint Tränen wie Bäche, Schnodder tropft aufs Gras. Langsam stolpert auch dieses Kind davon, noch immer etwas gelähmt von unserem Anblick. Vorsichtig lasse ich das Brot in meiner Hand sinken. Habe ich alles falsch gemacht, weil ich mich eingemischt habe? War meine Entscheidung richtig, weil ich zu helfen versucht habe? Ich weiß es nicht, werde es nie wissen. Vielleicht haben diese Kinder bereits viel Gewalt erfahren, vielleicht haben sie Angst vor Ausländern, vielleicht haben sie in uns einen schwarzen Hahn gesehen.

Ich wünschte, ich wünschte so sehr, dass diesen Kindern jemand das Betteln beibringen würde. Dass sie ihre Hoffnung nicht auf Mülltonnen setzten, in denen kaum Essensabfälle zu finden sind. Denn hier wird die Mülltonne tatsächlich für Abfall, nicht für brauchbare Lebensmittel genutzt. Das Bewerten solcher Situationen fällt mir schwer, weil jeder Moment und jeder Mensch einzigartig sind. Es gibt keine bettelnden Kinder, keine Obdachlosen oder Kriegsopfer. Alle Menschen haben Namen, eine eigene Geschichte und eine eigene Weise, mit ihrer Situation umzugehen.

Als wir wieder durch das Gras zurück zur Straße gehen, entdecken wir an der Böschung eine junge Frau. Wir geben ihr die Brote. Sie bedankt sich scheu, lächelt, beißt hinein.

Schweigend gehen wir weiter. Der Name eines toten Mannes begleitet mich durch diese Stadt. Savimbis Schatten liegt über Huambo. Von hier aus wurde er ins Weiße Haus eingeladen. Am 30. Januar 1986 sitzt er mit Ronald Reagan im Oval Office. Er erzählt mit viel Charme, dass es ebenfalls ein Weißes Haus in seiner Heimatstadt gebe, sein eigenes Haus. Die großen Symbole dieser Welt, der Rebellenführer weiß, wie er sie an sich reißt. Als wir nun mit zwei Motorradjungen vor der alten Ruine, dem einstigen Weißen Haus, stoppen, sehe ich das kümmerliche Gerippe eines Gebäudes, das unter anderem Zentrum von Savimbis Macht und Wirken war. Ein paar Männer lehnen an der Mauer, die die Ruine umgibt. Sie warten darauf, dass irgendetwas passiert. Eine Wendeltreppe führt ins Obergeschoss, Teile der Decke sind bereits gesenkt, werden bald schon einstürzen, und Schimmel überzieht die wenigen Wände, die noch stehen. Regenwasser, Moose und Gräser, Kugeln, Gewalt und vor allem Zeit haben diesen Ort geformt. Ich gehe auf die gegenüberliegende Straßenseite, um das Haus aus der Distanz zu betrachten. Doch als ich mich umdrehe, starre ich auf das Gebäude links der Ruine. Dort steht ein UNITA-Parteigebäude, die Parteiflagge an der Fassade. Und auf dieser Häuserwand blickt der Schwarze Hahn zu seinem Weißen Haus, zwischen ihnen die Sonne. Nur glaube ich, dass *The Black Rooster* jetzt in eine untergehende, nicht in eine aufgehende Sonne marschiert und die roten Streifen der Flagge nun das Blut der Unschuldigen, die in 27 Jahren Krieg auch von ihm getötet wurden, symbolisieren. Doch das stört ihn nicht. Der tote Savimbi schlägt sich zehn Jahre nach seinem Tod als Figur des Computerspiels *Call of Duty* als brutaler Barbar durch eine kriegerische Welt. Savimbis Familie klagt und wird zurückgewiesen. Die Anwälte der Computerspielfirma behaupten sogar, dass er im Vergleich zu den dokumentierten Kriegsverbrechen, die er begangen habe, schmeichelhaft dargestellt werde. Also läuft Savimbi weiter, tötet als Figur in einem Egoshooter jetzt in einer imaginären Welt, gräbt Löcher in die Bäuche der hungernden Straßenkinder, marschiert als schwarzer Hahn auf einer Flagge und schwebt als Dämon durch eine zerlöcherte Stadt.

SHORTCUT

Madagaskar
Masoala-Halbinsel

Ein steiniger, sumpfiger Bach ist der Pfad, der uns den Weg weist. Baumriesen ragen über mir auf, das Blätterwerk des Dschungels ist so dicht, dass ich kaum aufrecht gehen oder weiter als zwei Meter schauen kann. Ich sinke tief in einem Schlammloch ein, verliere das Gleichgewicht, falle und bleibe kurzzeitig stecken. Langsam ziehe ich mich wieder hoch, stampfe weiter, der Weg ist noch lang. Meine Beine jucken, sie sind geschwollen von den unzähligen Stichen der Moskitos, die mich regelmäßig überfallen. Permanent waten wir durch Flüsse, ich habe aufgehört, sie zu zählen. Manchmal reicht mir das Wasser bis zum Bauch, manchmal bis zum Oberschenkel, manchmal rutsche ich auf den glitschigen Steinen weg, manchmal schwimme ich, weil ich ohnehin nass bin. Erfrischend ist es immer, es trägt jedoch dazu bei, dass der Mückenschutz abgespült wird. Die Blutsauger freuen sich auf diesen Moment, versammeln sich in Schwärmen in der feuchten Tropenluft, jagen und attackieren mich, sobald ich die ersten Schritte aus dem Wasser wage. Die Weibchen brauchen das warme Blut für ihre Fortpflanzung, die Eierbildung. Die Übertragung von Malaria oder Denguefieber ist bloß Beiwerk.

Der Wald ist jetzt dunkel. Tote Äste und umgekippte Baumstämme versperren den winzigen ansteigenden Bachlauf, in dem wir laufen. Hoch oben im Geäst beäugt uns ein neugieriger Lemur. Ich lege den Kopf in den Nacken, schemenhaft erkenne ich sein Gesicht. Die Welt dort oben muss ganz anders sein, ich kann sie nur erahnen. Das Wandern hier unten ist ein Durchwinden, ein Hürdenlauf geworden, oft halte ich zum Schutz die Unterarme vors Gesicht, Blätter streifen meinen Körper. In regelmäßigen Abständen stoppe ich, um die Egel, die sich ebenfalls um mein Blut bemühen, wegzuschlagen. Heimtückisch sitzen sie auf niedrigen Blättern und warten nur darauf, dass wir vorbeikommen, um sich fallen zu lassen und festzusaugen.

Daniel, ein guter Freund und ehemaliger Mitbewohner, Suhel, Timon und ich sind jetzt mittendrin in diesem verwunschenen Regenwald am nordöstlichen Zipfel Madagaskars. Jean-Emile gibt den Weg vor, seine Jungs helfen uns beim Tragen sämtlicher Utensilien, die wir für den Dschungel und die kommenden Wochen auf Madagaskar brauchen werden.

Es ist schon später Nachmittag, als sich vor mir der letzte Bach an diesem Tag durch die Wildnis schlängelt. Gleich dahinter habe ich endlich Sicht auf eine von Menschenhand geebnete Fläche, ein kleines Refugium zum Schlafen in all dem Grün. Einige der Helfer warten dort bereits auf unsere Ankunft, Gepäck liegt auf einem Haufen, ein Feuer erhitzt Wasser, ein paar andere fällen dünne Stämme und errichten ein provisorisches Zelt mit einer Plane. Nervosität liegt in der Luft, Jean-Emile geht auf und ab, während die Blutegel weiter an uns hochkrabbeln. Suhel zieht einen vollgesogenen Egel von meiner Wade ab, den ich übersehen habe. Ich versuche, den Ekel zu unterdrücken, an diesem Ort wimmelt es von den kleinen Tieren, die in Deutschland aufgrund ihres medizinischen Nutzens sogar über Apotheken bezogen werden können. Wir setzen uns zu viert auf eine Plane, um uns von dem anstrengenden Tag zu erholen.

Die dritte Nacht auf dieser Wanderung steht uns bevor. Wir füllen unsere Trinkflaschen mit Flusswasser und werfen Wasseraufbereitungstabletten hinein. In einer Stunde wird sich das Flusswasser in Trinkwasser verwandelt haben.

Jean-Emile kommt zu uns herüber, ernst, besorgt, sein Blick verheißt nichts Gutes. »Zwei der Jungs sind verschwunden.« Betreten schaut er zu Boden. Sie haben die Rucksäcke mit den Zelten und Schlafsäcken getragen. Schon seit Stunden hat sie niemand mehr gesehen. Da sie jedoch die schnellsten und stärksten unserer Begleiter sind, dachten alle, sie wären schon zum Zeltplatz vorgelaufen.

Seit dem Morgen ist uns keine Hütte, kein Zebu, kein Zeichen menschlicher Existenz begegnet. Es gibt ein paar Gifttiere, keine wirklich gefährlichen Raubtiere. Dennoch ist die Natur so unberechenbar, nicht immer ganz erschlossen, sogar unerforscht, dass ich sie lieber nicht herausfordern möchte. Für wahrscheinlicher halten wir, dass die Verschollenen mit den schweren Rucksäcken vielleicht gestürzt, sich verlaufen haben in diesem riesigen Gebiet, in dem es keine Wege, viel zu viele Flüsse, steile Abhänge, dichten Dschungel und Schlammlöcher gibt. Obwohl sich die Männer auskennen, ist es extrem schwer, sich zu orientieren.

Das satte Grün des Waldes, am Tage aufregend abenteuerlich, ist nun schwarzgrün, unfreundlich, bedrohlich. Schnell suche ich die Kopflampen in all dem Chaos. Licht spendet Trost, gibt Sicherheit, wenn auch nur scheinbar. Dann der kurze Gedanke: Wie bin ich noch gleich hierhergekommen? Der Morgen vor zwei Tagen scheint eine Ewigkeit her zu sein.

Dunkelbrauner Matsch klebt an den Rädern, es ruckelt heftig auf der Ladefläche des Pickups. Gut verstaut sitzen wir mit unserem Guide Jean-Emile zwischen unseren Rucksäcken und dem Proviant. Links neben uns rauscht das Meer immer wieder durch Palmen hindurch. Wir fahren über kleinere hölzerne Bretterbrücken, überholen ab und zu ein vollbepacktes Motorrad, selten steht ein Verkaufsstand am Straßenrand. Wir nähern uns langsam dem letzten Ort, der mit dem Auto erreichbar ist, bevor Regenwald, wilde Flüsse, steile Hänge und der Marsch beginnen. Die nächsten sechs Tage wollen wir zu Fuß über die Masoala-Halbinsel wandern, von Ambohitralanana nach Maroantsetra, gute hundert Kilometer durch den größten noch zusammenhängenden Regenwald Madagaskars. Er ist Rückzugsort vieler endemischer Arten, hier lebt unter anderem die stark gefährdete Lemurenart Roter Vari. Eine richtige Straße gibt es nicht, auch keine Schotterpiste wie sonst. Google Maps schlägt einen riesigen Umweg vor: Mit dem Auto wird die schnellste Verbindung zwischen diesen beiden Orten mit unfassbaren 45 Stunden Fahrzeit und 1979 Kilometern angezeigt. Das Terrain, das wir durchwandern wollen, ist für Fahrzeuge unüberwindbar. Mir gefällt die Vorstellung, dass wir eine Abkürzung nehmen.

Dann taucht vor uns ein breiter Fluss auf. Vor kleinen zusammengehämmerten Holzhäusern hängen Wäscheleinen, dazwischen picken Hühner im Sand. An einem Holzstab hängend trägt ein Mann rohes Fleisch. Er geht damit von Hütte zu Hütte und bietet seine Ware an, der Fliegenschwarm folgt. Wir steigen aus, sehen uns um. Timon pinkelt aus Versehen auf eine Schlange, die sich gemütlich durch das hohe Gras schlängelt. Wölkchen ziehen über blauem Himmel, Palmen säumen das trübe Wasser. Über diesen Fluss fährt eine Fähre, die aus drei zusammengebundenen Kanus mit aufgelegten Holzlatten besteht. Als Rampe dienen zwei schmale Bretter. Der Pickup fährt an, gleitet durch das Wasser, ich halte kurz den Atem an, erwarte ein Unglück. Wie selbstverständlich kommt der Pickup auf den Kanus zum Stehen, wir springen eilig auf das Gestell, die Überfahrt beginnt. Die schlammige, steinige Schotterpiste, auf der wir schließlich den Ort Ambohitralanana erreichen, an dem das Fahrzeug wieder umkehrt, wird liebevoll mit dem Namen *Route Nationale* 53 versehen. Immer tiefer gelangen wir nun in eine Welt, die mir fremd ist.

Wir werden mit ein paar Einheimischen auf ein kleines Boot verladen, das uns auf einem breiten Fluss ins Landesinnere trägt. Krokodile und Frösche gähnen am Ufer, bunte Schmetterlinge tänzeln immer wieder an meiner Nasenspitze vorbei, die Sonne brennt. Die Beine eines roten Plastikstuhls ragen am vorderen Ende des Bootes in den Himmel. Hier hat jede Ware, die in die winzigen Dörfer des Tropenwaldes getragen wird, eine spannende Transportgeschichte.

Einige Male müssen wir das Boot verlassen und am hügeligen Ufer entlanggehen, da der Fluss zu wenig Wasser führt. Hin und wieder halten wir in einer Siedlung, laden Güter ein, Menschen aus, winken Kindern zu, die sich die Hände vor den Mund halten und kichern. Und endlich, nach etwa fünf Stunden in dem wackeligen Boot, erreichen wir am späten Nachmittag das Dorf, das Nachtlager und Ausgangspunkt für unsere Wanderung wird, die nach Abenteuer riecht. Die Männer, die uns helfen werden, unser Gepäck auf die andere Seite der Halbinsel zu tragen, kommen angelaufen, waten durchs Wasser, begrüßen uns scheu und schultern Reissäcke, Rucksäcke, Wasserkanister. Unterhalb des Dorfes auf einer kleinen Insel im Fluss schlagen wir unsere Zelte auf. Zebus beäugen das Geschehen, während die Sonne hinter Bäumen versinkt.

Hier ist sie, die erste Nacht im Freien. Wir liegen zu viert auf einer Plane unter dem funkelnden Nachthimmel Madagaskars, Sternschnuppen durchziehen das Dunkel, glühen auf und verglimmen, noch bevor ich mich entschieden habe, ob das, was ich sehe, tatsächlich da ist. Eine Feuerstelle wird entfacht, der Fluss rauscht, vom Dorf weht Musik heran. Ein Kleinkind schreit, ein Hahn kräht trotz der Finsternis, Insekten zirpen, brummen, fiepen, die Glut unter dem Reistopf knistert. Das Leben, in diesem Augenblick, könnte kaum schöner sein.

Ich habe die Kopflampen gefunden. Die Nacht wird schnell kalt, die Geräusche erheben sich, wenn das Licht fehlt. Die Sternschnuppen sind nun über dem Dach des Dschungels, ich kann sie nicht sehen, vielleicht sind sie da. Das Gefühl der ersten Nacht trage ich noch in mir. Doch die Sorge um die Verlorenen, die immer noch nicht angekommen sind, wird größer.

Wir erleben jetzt einen Moment, in dem wir uns entscheiden müssen, welche Art von Mensch wir sein wollen. Sind wir ängstlich oder mutig? Sind wir bestürzt, weil ein Plan nicht zu klappen scheint? Unsere Rucksäcke fehlen? Versuchen wir, die Männer zu unterstützen, Lösungen zu finden, ihnen die Sorge zu nehmen, dass das Trinkgeld knapper ausfallen könnte? Sind wir ihnen freundlich gesinnt oder beherrschen uns Gefühle der Unsicherheit, vielleicht sogar Panik? Es ist interessant, sich in diesen Augenblicken selbst zu beobachten. Denn auf sie kommt es an.

Das Feuer lodert jetzt, beißender Rauch steigt empor, Reisduft strömt zu uns herüber. Wir erörtern das Szenario: Dass zwei Rucksäcke mit Zelten und Schlafsäcken fehlen, ist höchstens ein wenig unangenehm. Dann schließen wir Freundschaft mit den Egeln. Eine kleine Blutspende kann nicht so schlimm sein, sie übertragen schließlich keine Krankheiten. Nur der Ekel im Kopf bleibt, auch das ist purer Luxus. Also entscheiden wir: Wir haben Licht und Flusswasser, das nun Trinkwasser ist. Der Kochtopf sagt, dass das Essen bald folgen wird. Das Leben ist also noch immer schön, für uns zumindest. Derweil schlagen sich zwei junge Männer durch den Dschungel, die Orientierung wird in der Nacht nicht leichter, falls sie überhaupt gehen können und nicht mit Knochenbrüchen im Wald liegen. Jean-Emile kriecht ins Gebüsch und sucht nach Spuren, vielleicht sind sie schon vorgelaufen? Er ist in Aktionismus verfallen, das Geschehen hat sich unserer Kontrolle entzogen, wir können in diesem gewaltigen Regenwald nichts tun, außer warten, atmen, sein. Gerade als wir denken, dass diese Nacht sich schmerzhaft in die Länge zieht, ertönt aus der Ferne ein Rascheln. Langsam kommt es näher. Wir horchen auf, hoffen, starren in die Leere und sehen dann, wie die beiden Verlorenen zu Rückkehrern werden. Schatten ziehen über ihre sorgenvollen Gesichter, warm werden sie vom Feuer angestrahlt. Die Hände der Wartenden werden jubelnd in die Luft geworfen, unser Camp atmet auf, es geht ihnen gut, herzlich werden sie empfangen. Sie erzählen von ihrem Tag, von der falschen Abzweigung, dem stundenlangen Umherirren und dem Wiederfinden. Wir lachen in die Dunkelheit hinein, sie ist gemütlich geworden.

Schnell bauen wir die Zelte auf, ein Lemur klettert hinter uns von Ast zu Ast, dann legen wir uns endlich schlafen. Doch in dieser Nacht wird Timon krank. Das Fieber steigt, der Magen rebelliert, der Schweiß sammelt sich auf seiner Stirn. Am nächsten Morgen die Erkenntnis: Es gibt nur einen Weg hier raus. Er muss einen Schritt vor den nächsten setzen, denn wir werden noch mindestens zwei Tage brauchen, bis wir wieder Fahrzeuge sehen werden. Also nimmt Timon fiebersenkende Tabletten, verfällt in einen dämmernden Trancezustand und schleppt sich vorwärts. Da wir für Malaria noch nicht lang genug im Land sind und Timon zudem Malariaprophylaxe eingenommen hat, erkläre ich mir seinen Zustand mit der Tatsache, dass er gestern aus Versehen einen Schluck aus einer Flasche mit Flusswasser genommen hat, das noch nicht aufbereitet war. Die Ungewissheit bleibt jedoch, sie ist fester Bestandteil einer Welt, die abgeschottet ist von jeglicher Infrastruktur. Ich muss plötzlich an die Mütter denken, die vor unserem Aufbruch zu unserem Zelt kamen und um ein Mittel gegen Fieber für ihre Kinder gebeten hatten. Während ich als Reisende hauptsächlich die gewaltige Natur und die scheinbare Romantik dieses Ortes sehe, gehört zu ihrem Alltag auch die Abwesenheit medizinischer Versorgung.

Jetzt geht es vormittags auf einem Trampelpfad zunächst steil bergauf, Timon kämpft gegen die Krankheit, die Schwäche, mit dem Weg. Der Dschungel ist erstaunlich hügelig, bis auf etwa 1300 Höhenmeter erhebt sich der höchste Punkt dieser Halbinsel. Gegen Mittag windet sich der Weg hinab ins Tal. Timon stolpert häufig, einer unser Begleiter schnitzt Wanderstöcke zum Abstützen. Ich bin mir sicher, mit dem Regen, der in dieser Gegend beinahe täglich fällt, wäre auf dem rutschigen, steilen Pfad niemand von uns heil in das Dorf gekommen, in dem wir am Nachmittag pausieren. Als wir endlich wieder andere Menschen sehen, freuen wir uns. Der Wald hat uns ausgespuckt. An einer Bretterbude kaufen wir vermutlich das einzige Bier, das es seltsamerweise bis in diese abgelegene Gegend geschafft hat. Wir wollen mit allen anstoßen! Über die Hälfte des Weges liegt hinter uns, unsere Gruppe wächst stückchenweise zusammen. Jean-Emile ist ein guter Guide, er schafft flache Hierarchien und somit ein Gefühl der Zusammengehörigkeit in der Gruppe. Die Jungs haben ihren Spaß. Immer häufiger scherzen wir nun gemeinsam, obwohl wir nur über die Hände und unser Lächeln kommunizieren können.

Derweil liegt Timon auf einer Isomatte im Schatten und dämmert weiter vor sich hin. Ein normaler Infekt, der zu Hause im Bett gut auskuriert werden könnte, wird unter der extremen körperlichen Anstrengung unvorstellbar belastend. Das Einzige, was wir für ihn tun können, ist sein Gepäck aufzuteilen. Als wir weitergehen, kauft Jean-Emile für das Abendessen eine Ente von einer Dorffrau. Sie wird lebendig an einen Rucksack gebunden und fügt sich ihrem Schicksal. Am Abend schlagen wir unser Zelt auf einem verlassenen Reisfeld etwas oberhalb eines Dorfes auf. Wir schauen gespannt zu, wie die Ente geschlachtet und zubereitet wird. Alle freuen sich sichtlich, eine Ente ist ein echtes Festmahl. Doch als der Plastikteller mit dem Entenfleisch nun vor mir liegt, kann ich es nicht essen. Ich habe das Gefühl, dass ich diese für die anderen so besondere Mahlzeit gar nicht wertschätzen kann. Also gebe ich meinen Teller an die Jungs. Ich bin mir unsicher, wie mein Verzicht bewertet wird, hoffe aber, dass sie sich über das zusätzliche Fleisch freuen. Bis auf die Knochen wird an diesem Abend das gesamte Tier verspeist.

Am nächsten Tag geht es Timon wieder besser, dafür hat sich das Fieber in der Nacht zu Daniel geschlichen. Auch ihm kann nicht geholfen werden, also laufen wir weiter, ganz langsam. Die Stimmung ist getrübt, der Marsch ist zum Kampf geworden. Nach drei Stunden auf einem schmalen Pfad gelangen wir an ein Dorf, das am Rande eines dichter werdenden Regenwaldes liegt. Da wir bisher die Lemuren nur aus großer Entfernung oder in der Nacht sehen konnten, entscheiden wir uns, den Weg zu verlassen und erneut in den Wald zu gehen. Die Wahrscheinlichkeit, die auf Madagaskar endemisch lebenden Tiere zu entdecken, soll in dieser Gegend etwas größer sein. Diesmal legt sich Daniel auf eine Isomatte zum Ausruhen, während wir in der Mittagsstille des Waldes verschwinden. Vorsichtig gehen wir auf den Erdpfaden. Das Laub des Regenwaldes, das das ganze Jahr über abgeworfen wird, macht sie weich. Die riesigen Brettwurzeln des Kapokbaumes ragen neben uns auf. Das Licht und das Grün unter diesem Blätterdach sind dunkler. Auch die Geräusche erscheinen mir gedämpft. Das Gehen wird meditativ, immer wieder bleiben wir stehen, lauschen, spähen nach oben. Dann ein lang ersehnter Schrei ganz in der Nähe. Jean-Emile dreht sich zu uns um und flüstert aufgeregt: »Der Rote Vari! Das war der Rote Vari, er ist hier.« Abrupt werde ich aus meinen Gedanken gerissen. Er haucht den Namen dieser Lemurenart so andachtsvoll in den Dschungel hinein, dass mir mein Unwissen über das besondere Tier beinahe unangenehm ist. Auf Madagaskar gibt es etwa hundert Lemurenarten, mir würde es an diesem Tag schon reichen, nur einmal in ihre großen Kulleraugen zu blicken und kurz die beinahe menschlichen Hände zu bestaunen. Die Art spielt dabei noch keine Rolle. Mein Ehrgeiz, möglichst viele Lemurenarten zu sichten, wird erst in den nächsten Wochen entstehen.

Hoch über uns bewegt sich eine Familie der Roten Vari durch die Baumkronen, nur leider können wir sie nicht sehen, die Distanz ist zu groß und das Blätterwerk zu dicht. Jean-Emile nimmt die Spur auf, wir eilen jetzt durch den hügeligen Wald, kriechen durch Büsche. Plötzlich schreien mehrere Tiere, ich werde unruhig, Jean-Emile geht schneller, wir rutschen einen Hang hinunter, meine Hektik nimmt zu. Ich höre meinen Atem, auch Jean-Emiles Aufregung wird größer, er will uns unbedingt den bedrohten Roten Vari zeigen. Es geht nun nicht mehr darum, die Blutegel fernzuhalten, auf die Spinnennetze zwischen den Bäumen zu achten oder Schürfwunden durch die Äste zu vermeiden. Wir wollen den Roten Vari sehen! Und gerade als ich von diesem Gedanken nahezu besessen bin, atemlos und voller Hast, das Adrenalin von der Verfolgung dieser unglaublichen Wesen durch meinen Körper schießt und meine Augen brennen, rutscht mein Fuß von einem glitschigen Stein. Ich verliere den Halt und falle. Ich falle längs ins finstere Blutegel-Grün, während unsichtbar über mir im Kronendach die Lemuren toben. Vielleicht falle ich nur eine Sekunde, doch es ist eine ewig andauernde Sekunde. Ich nehme das Fallen so bewusst wahr, dass es mich schauert. Beißender Schmerz durchfährt meinen Körper, ich verziehe das Gesicht. Und ich warte. Timon eilt zu mir und starrt mich an, aber er kann sich vor Sorge nicht bewegen. Suhel und Jean-Emile haben bereits einige Meter Vorsprung, ich kann sie nicht sehen. Ich lasse die Sekunden vorüberziehen, damit ich den Schmerz besser einschätzen kann. Vorsichtig suche ich meine Hände, die den Sturz abfedern wollten. Zögerlich halte ich sie in die Luft, Blut fließt an einer Hand hinab, dicke Tropfen fallen auf die Erde, auf das

Grün, das jetzt langsam rot wird. Ich drücke meinen Unterarm an den Körper, um ihn besser zu halten. Die Haut meiner Fingerkuppe klafft auseinander, das Blut verkrustet den Dreck, der an mir klebt. Kein Knochen ist gebrochen, alles ist gut. Ich blicke den Abhang hinauf, den wir eben heruntergerutscht sind. Irgendwo dort oben liegt mein Rucksack, darin das Desinfektionsmittel, das ich dringend brauche. Ich stehe auf, mein ganzer Körper schmerzt, ich weiß nicht so recht, wie ich diesen Abhang wieder hochkommen soll. Doch das ist vielleicht das Erstaunliche an einer solchen Wanderung. Wenn man muss, dann kann man Kräfte mobilisieren, von denen man zuvor nichts ahnte. Ich bin mir recht sicher: Wenn Daniel oder Timon eine andere Wahl gehabt hätten, als fiebrig einen Extremmarsch zu laufen, wären sie ausgestiegen, weil sie geglaubt hätten, die Wegstrecke unter diesen Umständen nicht bewältigen zu können. Doch es gab keine Alternative. Also laufen sie. Sie müssen.

Als wir wieder zu den anderen aufschließen und ich erschöpft aus dem Wald herausstolpere, setzt leichter Nieselregen ein. An diesem Tag begnügen wir uns mit dem Geschrei des Roten Vari. Unsere Gruppe ist zunehmend angeschlagen. Wir müssen noch einige Stunden wandern, bis wir das Dorf erreichen, in dem wir die letzte Nacht unserer Dschungeldurchquerung verbringen wollen. Ich werde erleichtert sein, wenn wir morgen Abend in Maroantsetra ankommen und alles überstanden haben. Verlorene Männer, Fieber, Durchfall, Stürze, Prellungen, all das erzeugt flirrende Gedanken, die sorgenvoll auf den Anblick der Natur drücken. Die

Unbeschwertheit des Abenteuers fliegt davon, die Sorge bleibt: Was passiert, wenn jemand tatsächlich nicht mehr weitergehen kann? Jean-Emile meint, dass genug Männer mitgekommen sind, um vorzulaufen und im Notfall Hilfe zu holen. Das würde natürlich ein paar Tage dauern, aber sterben würde deswegen niemand. Während wir uns durch diesen Tag tragen, der Regen immer stärker wird, kommt uns eine ältere Frau entgegen. Sie ist allein, trägt eine Damenhandtasche und Plastikschuhe, Regentropfen liegen auf ihrer Stirn. Als sie uns sieht, bleibt sie stehen und lacht uns an, sie freut sich über neue Gesichter und ein kurzes Gespräch mit Jean-Emile. Hier kennt man sich, schnell werden die Neuigkeiten aus den anderen Dörfern ausgetauscht. Dann eilt sie auch schon mit schnellem Schritt davon. »Wo will sie hin?«, frage ich. »Sie geht zur Kirche, übermorgen will sie ankommen«, antwortet Jean-Emile, als sei es das Selbstverständlichste auf der Welt, dass die Menschen mehrere Tage durch die Wildnis laufen, um an einem Gottesdienst teilzunehmen. »Ist übermorgen ein besonderer Feiertag?«, frage ich weiter. »Nein, sie sagte, sie sei seit ein paar Wochen nicht mehr dort gewesen, es sei an der Zeit.« Jean-Emile erklärt, dass sie unterwegs bei einer Familie schlafe, sie wisse noch nicht, bei welcher. Die Gelegenheit ergebe sich dann, wenn sie im Dorf ankomme. In den letzten Stunden dieser Tour begreife ich, dass die Menschen hier ständig den Dschungel durchwandern, der für uns ein Abenteuer bedeutet. Nicht nur meine Hand ist blutig vom Sturz und mein Körper übersät mit blauen Flecken, auch meine Füße sind geschwollen und voller

Blasen. Ich habe lange über die Wahl der Schuhe nachgedacht, am Ende hat es nicht geholfen. Ich bin zerstochen, von Blutegeln angezapft, brauche Wassertabletten, weil mein verweichlichter Körper das Flusswasser nicht vertragen würde, ich kann die Ente nicht wertschätzen und habe Muskelkater. Jean-Emile und seine Jungs, selbst die älteren Menschen in dieser Gegend, laufen in billigen Badesandalen aus Gummi durch die Gegend, die ich als Kind immer im See trug. Während wir uns mit unseren Tagesrucksäcken abmühen, tragen unsere Helfer das schwere Gepäck, das doch eigentlich niemand braucht, außer uns. Sie joggen lachend an uns vorbei, durchwaten leichtfüßig die Flüsse und sprinten die steilen Waldhügel hoch. Die Frau, die meine Mutter hätte sein können, hat für einen mehrtägigen Marsch nur eine kleine Handtasche dabei. Sie will zur Kirche, wir wollen einen Dschungel durchqueren. Am Ende laufen wir einen ähnlichen Weg. Bei dem Gedanken muss ich lachen. Jean-Emile erzählt, dass die Einheimischen etwa zweieinhalb Tage für die Strecke brauchen, die uns sechs Tage abverlangt hat. Und ich bilde mir ein, das hier ist Abenteuer?

Die letzte Nacht der Wanderung steht uns kurz bevor. Gerade noch rechtzeitig gelangen wir in das Dorf, ehe es geschlossen wird. Wir sind jetzt mitten im Vanilleanbaugebiet, die kostbare Ware wird gut behütet, Fremde dürfen das Dorf in der Nacht nicht mehr betreten. Am nächsten Morgen spiele ich mit Kindern auf einer Veranda. Die Hütten sind liebevoll gestrichen, ein paar Kühe laufen in den ersten Sonnenstrahlen an uns vorbei.

Daniel geht es noch immer schlecht, sein Körper braucht Ruhe, wird sie aber erst heute Abend bekommen. Als wir an diesem Tag starten, wird die Welt mit jedem Schritt ein wenig bekannter. Über Flüsse führen nun manchmal kleine Holzbrücken, wir gehen an Reisfeldern entlang und sehen aufgeregt das erste Motorrad. Die Dörfer werden wieder größer, Essensduft liegt in der feuchten Tropenluft, selbst Solarpanels werden in kleinen Shops verkauft. Zur Mittagszeit halten wir bei einem überdachten Straßenimbiss an. Neben einem Plastikteller mit frittierten Snacks steht auf einem Holzschild »Hotel Jennis Navana«. Daniel darf sich in ein Hinterzimmer legen, das gleichzeitig Wohn- und Schlafzimmer unserer Gastgeberin ist. Während sie das Essen zubereitet, laufen Suhel, Timon und ich auf der sandigen Hauptstraße entlang. Überall funkeln uns hier die Farben entgegen, ein Radio spielt Musik, Kinder und Frauen kommen auf mich zu und fragen, ob ich Fotos von ihnen machen kann. An Leinen hängen getrocknete Fische, silbern glänzen sie in der Sonne. Palmen ragen über den Weg, Fahrräder fahren an uns vorbei, eine Kirche hat ihre Türen weit geöffnet. Geheimnisvoll leuchtet der Dschungel noch immer im Hintergrund. Langsam gehen wir weiter, die letzte Hütte liegt hinter uns, der Weg wird breiter, wir betreten eine Freifläche. Einbäume liegen verstreut auf einem Strand, dazwischen kaputte Fischernetze. Und dann ist es plötzlich da, völlig unerwartet, das Meer. Wir haben es vor sechs Tagen verlassen, um es hier auf der anderen Seite der Halbinsel wiederzusehen. Schweigend setzen wir uns auf den Boden, lauschen den sanften

Wellen, blicken in ersehntes Blau, staunen jeder für sich. Das Ende unserer Wanderung rückt näher. Das Meer bringt die Wehmut zu mir.

Heute werden wir noch einige Stunden laufen, mit einem kleinen Holzboot durch ein mit Schilf und Palmen gesäumtes Flusssystem nach Maroantsetra fahren und Abschied nehmen von der Crew, die uns durch unser Abenteuer und ihren Alltag begleitet hat. Und obwohl wir uns bereits viel Zeit gelassen haben, da wir zu Fuß unterwegs waren, frage ich mich doch, ob die Langsamkeit unserer Reise ausreichend war. Ich bin mir unsicher, ob ich jeden einzelnen Ort, jeden Augenblick auf dieser Wanderung so genießen konnte, wie ich es mir gewünscht habe. Ich hätte gern länger abends am Feuer gesessen, mehr Fragen gestellt, wäre gern häufiger in Dschungelflüssen baden gewesen oder im Morgengrauen auf Streifzüge gegangen. Ich hätte gern mehr Tee mit den Jungs getrunken, länger die Chamäleons, Schlangen und Frösche am Wegesrand beobachtet, vielleicht sogar die Frau zu ihrer Kirche begleitet. Aber vor allem hätte ich gern gewartet, bis auch ich mich mit diesem Dschungel verbünde, auch ich mich so mühelos bewege, dass aus Abenteuer ganz langsam unbefangene Gewohnheit wird.

MAMY E!
MAMY E!

Madagaskar Roadtrip

Es ist bereits Nacht, als wir Antsirabe erreichen. Die Stadt liegt südlich der Hauptstadt Antananarivo, auf der Hochebene, die sich im Zentrum Madagaskars erstreckt. Der Tag war lang, heute Morgen sind wir auf der im Osten gelegenen Insel Ile aux Nattes gestartet, mit dem Flugzeug nach Antananarivo geflogen, haben Patrick kennengelernt und Suhel zu seinem Hotel gebracht. Morgen muss er heimkehren. Patrick, jetzt noch Fahrer, bald schon Freund, wird uns für den Rest der Zeit, die wir auf Madagaskar verbringen, mit seinem Minibus durch seine Heimat begleiten.

Müde torkeln wir mit unseren Kopflampen durch die dunklen Straßen, auf der Suche nach einem Lokal. Wir sind nicht anspruchsvoll, nur satt wollen wir werden. Rikschas fahren langsam an uns vorbei, bieten ihre Dienste an. Ich ziehe mir die Kapuze über, die Nacht ist auf 1500 Höhenmetern kalt geworden. Am Straßenrand taucht ein beleuchtetes Restaurant auf. Darin sitzen Menschen, wir drücken die Türklinke herunter, aber die Tür bleibt verschlossen. Eine junge Kellnerin eilt herbei, freundlich lässt sie uns eintreten. Sind wir in eine geschlossene Gesellschaft geplatzt? Uns wird ein Platz am Rand zugewiesen, wir bestellen, die Stimmung im Raum ist gelöst. An einem großen Tisch sitzt eine Gruppe junger Madagassen, schick gekleidet. Sie lachen viel, trinken viel, sie feiern Geburtstag. Eine kleine Bühne mit einem Keyboard, einer

Gitarre und Mikrophonen zeigt uns, dass es Live-Musik geben wird. Als zwei Musiker auf die Bühne treten, erhebt sich ein Mann von seinem Stuhl. »Yeah, Christian!«, ruft einer begeistert und spornt seinen Freund an. Die anderen Gäste klatschen Beifall, Christian hat heute Geburtstag. Wir sind uns nicht sicher, ob der Auftritt den Charakter einer Karaoke hat oder ob hier eine richtige Band gebucht wurde. Tatsächlich singt Christian nicht professionell, trotzdem ist er recht gut. Als er den Song beendet, spielen die beiden verbliebenen Musiker noch einige madagassische Popsongs. Vereinzelnd tanzen ein paar Leute aus der Geburtstagsgesellschaft, die Party kommt langsam in Schwung. Dann wird uns das Essen serviert, die Musiker legen eine Pause ein. Weitere Kellner erscheinen nun im Raum. Sie tuscheln hinter vorgehaltener Hand, zücken ihre Handys, sind angespannt. Als die Musiker erneut die kleine Bühne betreten, erhebt sich ein anderer Gast aus der Geburtstagsgruppe. Sein Nachbar klopft ihm aufmunternd auf die Schulter. Um sein Handgelenk liegt eine goldene Uhr, sein schwarzes Haar ist mit Gel zurückgekämmt, eine schwere lange Kette schwingt um seinen dicken Hals, als er nun zur Bühne geht und nach dem Mikro greift. Schuhe, Hose, Shirt, alles ist perfekt aufeinander abgestimmt. Auf mich wirkt er oberflächlich und großspurig, obwohl ich ihn gar nicht kenne. Wir glauben nun, dass zu Christians Geburtstag Karaoke auf hohem Niveau veranstaltet wird. Doch dann ertönt die Musik, und der Mann, den ich aufgrund seines Aussehens beurteilte, beginnt zu singen. Liebevoll und zart hallt seine Stimme durch den Raum. Seine Augenbrauen ziehen sich ernst zusammen, er gibt sein Herz in die madagassische Ballade. Die Menschen springen von ihren Plätzen auf, Christian steht bereits mit erhobenen Händen vor seinem Freund und jubelt. Als der Refrain ertönt, sind wir die Einzigen, die noch auf ihren Stühlen sitzen. Der Gesang der Menschen erfüllt den Raum, die Kellner tanzen hinter der Bar, in diesem Raum kennt jeder den Song.

Mamy e! Mamy e! (Liebling! Liebling!)
Mamy e! Mamy e! (Liebling! Liebling!)
Mamy e! (Liebling!)
Ny fitiavako anao tsy ho lany e!
(Meine Liebe für dich wird niemals enden!)
Raha mbola tsy ampy dia mbola ampiko o
(Wenn sie nicht ausreicht, werde ich dir noch mehr geben.)
Ianao tena tiako e. (Ich liebe dich wahrhaftig.)

Es fällt mir schwer, mich auf das Essen zu konzentrieren. Noch kann ich den Moment nicht einordnen. Ich weiß nur: Hier geschieht etwas Sonderbares. Die gesamte Geburtstagsgesellschaft steht mit Handys auf der Tanzfläche. Einer der Gäste hat sogar eine professionelle Kamera. Sie tanzen und filmen das Geschehen mit Begeisterung. Sie machen Selfies mit der Band, mit ihren Freunden. Sie müssen den Moment dokumentieren, in dem man doch eigentlich nur leben sollte. Ich sehe jedoch, dass auch sie ihr Herz diesem Song überlassen. Feiern so die madagassischen Reichen? Ich habe mich nun ebenfalls erhoben, stehe lachend neben unserem Tisch, weil ich mich über die Menschen freue, die sich völlig verausgaben. Sie bewegen ihre Hände über den Köpfen und singen so inbrünstig, als wäre dies die letzte Nacht in ihrem Leben.

Der Refrain beginnt erneut:

Mamy e! Mamy e!

Mamy e! Mamy e!

Mamy e!

Ich kann bereits mitsummen, ganz leise. Die Melodie hat einen Sog, sie prägt sich ein, sie berührt und ergreift, wie es ein wirklich guter Song eben tut. Das ist sein Wesen, er geht mir nicht mehr aus dem Kopf, aus dem Sinn, die Töne schleichen sich heimlich ins Gedächtnis und wollen hinaus, ein Wurm im Ohr, gegen den ich machtlos bin.

Mamy e! Mamy e!

Mamy e! Mamy e!

Mamy e!

Jetzt singen auch wir die dritte Wiederholung des Refrains. Leidenschaftlich ertönen die Laute aus mir heraus. Dieser Song wird uns nicht mehr loslassen, fortan unsere Reise begleiten, nur wissen wir das zu diesem Zeitpunkt noch nicht. Manchmal frage ich mich, was in dieser Nacht noch passiert wäre, wären wir weniger erschöpft gewesen, hätten keinen Platz am Rand gehabt. Als wir schließlich nach Mitternacht aufbrechen und übermüdet zum Hostel zurückkehren, ist Christians Party noch längst nicht vorbei.

Am Frühstückstisch beschäftigen uns der Refrain und die ausgelassene Stimmung in dem Lokal noch immer. Wir wollen herausfinden, was es mit der Party auf sich hatte. Noch dringender möchten wir wissen, wie der Song heißt. Auch Patrick kennt ihn. »Das ist ein moderner Popsong, den finden meine Kinder toll«, erzählt er uns. Patrick ist Mitte vierzig und

Vater von zwei fast erwachsenen Kindern, die mit seiner Frau in der Hauptstadt wohnen. Kurz bevor wir an diesem frühen Morgen mit seinem Minibus zur Westküste Madagaskars aufbrechen, gehe ich zur Rezeption, um unsere Übernachtung zu bezahlen. Dort steht eine junge Frau und strahlt mich an. Als ich den Refrain summe, steigt sie mit ein. »Der Song heißt Faka Vady und er handelt von Liebe«, sagt sie vergnügt. Ich zeige ihr ein kurzes Video von der Party gestern Nacht, das ich von den feierwütigen Madagassen machte. »Das ist Rak Roots, woher hast du das Video?«, will sie wissen. »Wir waren gestern Abend in einem Lokal essen, da hat er gesungen«, antworte ich. »Du hast Rak Roots gesehen?«, fragt sie ungläubig und schaut sich das Video erneut an. Ich zucke mit den Schultern. »Der Mann auf deinem Video, das ist einer der bekanntesten und erfolgreichsten madagassischen Popsänger, jeder kennt seine Songs! Ich liebe ihn!«, erzählt sie mir aufgeregt. »Er spielt normalerweise vor Tausenden von Menschen.« Jetzt muss ich lachen. Während mir das Verhalten der Menschen gestern noch etwas merkwürdig vorkam, habe ich nun eine Erklärung dafür. Ein Privatkonzert von einem Superstar vor vielleicht dreißig Menschen, da kann man sich schon mal im Rausch des Augenblicks vergessen. Die Frau im Hostel will weitere Infos von mir, die ich ihr nicht geben kann. Satt werden, das war das einzige Ziel gestern Nacht. Insgeheim ärgere ich mich ein wenig über eine vielleicht verpasste Chance. Ich hätte schon gestern gern gewusst, dass ich diesen Song von dem Menschen hörte, der ihn kreiert, erschaffen, zum Leben erweckt hat. Ich halte mich fest an der Erinnerung.

Die Autofahrt an diesem Tag ist lang. Am Fenster ziehen trockene Graslandschaften auf sanften Hügeln vorbei. Immer wieder sind sie von *Lavakas* durchbrochen, einer Form der Bodenerosion, die besonders auf Madagaskar auftritt und große Löcher von durchschnittlich achtzig Meter Länge, vierzig Meter Breite und fünfzehn Meter Tiefe in die Landschaft reißt. Patrick erklärt, dass die vielen kontrollierten Feuer der Bauern, die die Erde wieder fruchtbarer machen sollen, und ihre Reisfelder dazu beitragen. Zebus ziehen Holzkarren in der Hitze und transportieren Güter von Dorf zu Dorf. Die heimischen Hausrinder symbolisieren Kraft, Wohlstand und Stärke. Dann wird die Vegetation üppiger, Reisfelder liegen terrassenförmig an Hängen, flimmern grün unter dem weißbesprenkelten Himmel. In gebückter Haltung arbeiten Frauen auf den Feldern, mit nackten Füßen stehen sie im knöcheltiefen Wasser, stampfen die Erde, ziehen junge Pflanzen heran, sind gebunden an den Jahreszyklus, der ihnen die Struktur des arbeitsintensiven Reisanbaus vorgibt. Reis ist Kultur, ist Lebensgrundlage, ist eines der kostbarsten Güter, das Madagassen besitzen, sagt Patrick. Tatsächlich kommt keine Mahlzeit, egal zu welcher Tageszeit, ohne Reis aus.

Während einer kurzen Pause zeichnet Patrick den Umriss Madagaskars mit einem Stock in die Erde. Er erklärt, dass Madagaskar, nach Indonesien heute zweitgrößter Inselstaat der Welt, sich bereits vor etwa hundertfünfzig Millionen vom afrikanischen Festland und vor etwa neunzig Millionen Jahren vom indischen Subkontinent abgespalten hat und damit als eine der ältesten Inseln der Erdgeschichte gilt. Durch diese lange Isolation entwickelte sich die Natur eigenständig, sodass über achtzig Prozent der Arten endemisch sind und Madagaskar damit als achter Kontinent angesehen werden kann. Die Vielfältigkeit der Ökosysteme auf der Insel trägt zu einer enormen Biodiversität bei, die Madagaskar besonders schützenswert macht. Der Umweltschutz wird in der madagassischen Verfassung sogar als Staatsziel festgesetzt. Patrick erzählt von den achtzehn Hauptethnien Madagaskars, die jeweils eine eigene Herkunftsgeschichte haben. Menschen aus verschiedenen Erdteilen kamen vor Jahrhunderten auf die riesige Insel, eines der zuletzt besiedelten Gebiete, und ließen sich weit verstreut nieder. Patrick malt nun mit seinem Stock einen kleinen Kreis in die Mitte der Insel. »Hier leben die Merina, die Hochlandmenschen. Dazu gehöre auch ich.« Dann umkreist er die gesamte Insel: »Die Madagassen sind ein vielfältiges Volk mit den unterschiedlichsten Bräuchen und Traditionen. Und trotzdem sind wir ein einziges Volk, wir alle haben die gleiche Identität. Wir sind Madagassen!« Er blickt uns an und lächelt weise.

Wir fahren noch lange an diesem Tag. Er beantwortet geduldig unsere Fragen, zeigt ab und zu in die Welt hinaus, um uns auf diese oder jene Besonderheit aufmerksam zu machen, während die Sonne sinkt und die Weite in goldenes Licht taucht. Ich ahne, er ist ein Mensch, der alles für diejenigen tut, denen er seine Heimat anvertraut.

Wir übernachten in Morondava, einer Stadt an der Westküste im Reich der Sakalava. Als wir am Morgen in den Minibus einsteigen, blickt uns Patrick erwartungsfroh an. Er startet den Motor, fährt los und eine zarte Gitarrenmelodie erfüllt den fahrenden Raum, der uns sicher durch das Land bringen wird. Rak Roots ist nun bei uns, dafür hat Patrick gesorgt. »Mamy e! Mamy e!«, singen wir zu viert. Die Musik und der Moment ergreifen mich. Und ich schaue noch genauer hin: Ein Taubenschwarm fliegt vor unserem Fenster dem Sonnenlicht entgegen, dahinter steigt dunkler Rauch in weiße Wolken. Er stammt aus einer der vielen winzigen Ziegelbrennereien, die oft am Straßenrand stehen und aus roten Backsteinen gebaut sind. Im Schatten eines liegengebliebenen Busses sitzen Frauen am Straßenrand und warten auf die Reparatur des Fahrzeuges, kontrollierte Feuer werden im Grasland entfacht. Ein junger Mann zieht oberkörperfrei einen Holzkarren, Schweißperlen auf seiner Stirn. Darauf liegt trotz der wärmenden Sonnenstrahlen ein Mensch in dicken Decken, er wird sorgenvoll von einem Mann im Arm gehalten. Licht und Schatten tanzen auf Hügeln, ein kleiner Junge sitzt auf der Stange eines Fahrrads, sein Vater schiebt es den Berg hinauf. Dazwischen immer wieder Reisfelder und *Faka Vady*.

Wir fahren durch die Baobab-Allee hindurch, in der bis zu achthundert Jahre alte Affenbrotbäume stehen. *Renala* nennen die Madagassen diesen Ort, Mutter des Waldes. Der Name beschreibt den kümmerlichen Rest eines tropischen Regenwaldes, der die Baumgiganten einst umgab und abgeholzt wurde, um Fläche für die Landwirtschaft zu schaffen. Wir beobachten, wie das Abendrot das Tagesblau ablöst. Imposant ragen die Bäume in die Höhe, so kerzengerade, als seien sie von Menschenhand erschaffen. Ihre feingliedrigen

Äste zeichnen schwarze Konturen ins Gegenlicht, während sich ein riesiger LKW durch die Landschaft windet und einen Zebu-Karren überholt. Kinder spielen am Wegesrand, dann ist es dunkel. Wir fahren in den Kirindy-Nationalpark und schlafen in Holzhütten. Dort begegnen wir den seltenen Fossa, einer etwa siebzig Zentimeter langen Raubtierart, die selbstbewusst durch das Camp stolzieren, und streifen nachts durch den Wald, um nachtaktive Lemuren zu beobachten. Wir durchqueren das Land der Betsileo, die für ihren terrassenförmigen Reisanbau und eine besondere Bewässerungstechnik bekannt sind, und besuchen in Ambositra eine winzige Fabrik, in der uns die Herstellung des traditionellen Holzschnitzhandwerks erklärt wird. Im Anja-Reservat springen Kattas, die berühmte Lemurenart mit schwarz-weiß geringeltem Schwanz, durch die Büsche, und in Ilakaka sehen wir die Männer, die im weltgrößten Saphir-Abbaugebiet in Übertagminen arbeiten. An all diesen Tagen sind wir überrascht und glücklich, nachdenklich, erstaunt, betroffen. Wir nehmen die Momente, die Eindrücke dieser Reise, und teilen sie mit Patrick. Er sieht sein Land durch fremde Augen, er hat Erklärungen, Einschätzungen, aufmunternde Worte. Wir frühstücken, lachen, trinken gemeinsam und diskutieren viel. Abend für Abend sitzen wir zusammen und verstehen ein kleines Stückchen mehr, wie das Leben in diesem Land funktioniert. Patrick zeigt uns alte Gräber und heilige Bäume am Wegesrand, während wir nun allmählich ins Reich der Bara fahren. Die Zeit, die wir miteinander verbringen, wird täglich intensiver. Er bringt uns zum Sonnenuntergang auf einen

Felsen, von dem aus wir das Land überblicken. Wir stoßen mit Bier an und beobachten die Schatten, die Patrick, Timon, Daniel und ich auf die rote Felswand hinter uns zeichnen. *Mamy e! Mamy e!* wird Ausdruck überschwänglicher Lebensfreude und unserer eingeschworenen Gemeinschaft.

Dann kommt ein Tag, an dem wir nicht im Auto sitzen. Wir lernen Felix kennen, einen alten Freund von Patrick von der Ethnie der Bara. Er wird uns durch die raue Schönheit des Isalo-Nationalparks führen. Felix steht rauchend an einem Zaun, als ich ihn das erste Mal sehe. Sein Englisch ist gut. Nur durch Gehör lernte er die fremde Sprache, denn er besuchte nie die Schule und ist Analphabet, erzählt er uns. Während wir durch die zerklüftete Gebirgslandschaft wandern, in türkisblauen Naturpools schwimmen, bizarre Felsformationen bestaunen und in tiefe Schluchten blicken, erfahren wir auch, was es bedeutet, vom Volk der Bara zu sein. Das Gebiet, das wir durchwandern, ist für sie heilig. Wir legen unsere Köpfe in den Nacken und sehen hoch oben die beeindruckenden Gräber ihrer Ahnen, die alle paar Jahre umgebettet werden müssen. Aus Respekt ist es nicht erlaubt, mit ausgestrecktem Finger in das Gebirge zu zeigen, stattdessen hält man den Finger gekrümmt. Ich erschrecke mich, als ich in einer intuitiven Bewegung doch den Finger ausstrecke. Felix starrt mich an und verzeiht mir. Er berichtet von den familiären Strukturen der Bara, die einem Mann erlauben, viele Frauen zu haben. Er erzählt vom Verbot, Frauen anzufassen, egal, ob sie Mütter, Töchter, Tanten oder Cousinen sind. Mehrere Male müssen wir stehenbleiben, diskutieren, uns ganz genau erklären lassen, was Felix meint. Oft lacht er über unsere Neugier, unsere Überraschung, unser spürbares Unverständnis. Er versteht das Problem nicht, wenn Timon fragt: »Am Tag ihrer Hochzeit darfst du deine Tochter nicht umarmen?« Felix schüttelt den Kopf. Daniel: »Kein Handschlag, keine Umarmung, kein Trösten?« – »Nichts davon.« Ich: »Und was passiert, wenn sich deine Tochter verletzt und nicht mehr aufstehen kann?« – »Dann hole ich eine Frau, die helfen kann«, sagt er schulterzuckend. »Niemals darf ein Bara-Mann eine Frau anfassen, die nicht seine Ehefrau ist.«

Krampfhaft und beschämt frage ich mich, ob ich Felix zur Begrüßung die Hand gab. Ich weiß es nicht mehr. Vermutlich hätte er sie nicht angenommen. Es gibt so viele unsichtbare Regeln in fremden Ländern, die ich erst wahrnehmen kann, wenn mir jemand Zugang gewährt. »Wenn ein Mann trotzdem eine Frau berührt, muss er als Wiedergutmachung ein Zebu schlachten«, erklärt Felix weiter, »und diese Tiere sind so teuer, dass ein Mann oft mehrere Jahre sparen muss, bis er sich überhaupt eins leisten kann. Früher haben die Jungen, um zu Männern zu werden, die Zebus der Nachbarn geklaut. Für den Diebstahl kamen sie natürlich ins Gefängnis, doch wurden die Gefängnispapiere danach mit Stolz präsentiert, da sie als Beweis ihres Mutes galten. Glücklicherweise machen das heute nicht mehr so viele.« Felix erklärt uns außerdem, dass Bara-Frauen nur vor ihren eigenen Männern eine Straße entlanggehen, keinesfalls vor fremden. »Damit, ihr wisst schon…« – »Was meint er?«, frage ich Daniel. »Ich bin mir nicht sicher«, erwidert er, als Felix auch schon mit den Händen das Gesäß einer Frau formt und einen schwungvollen Gang imitiert. Dabei lacht er so schelmisch, als sei er gerade in die Pubertät gekommen. »Das fasse ich nicht«, sage ich laut und frage auf Englisch, weil ich es einfach hören muss: »Damit es nicht zu einer sexuellen Stimulation kommt?« – »Genau, genau«, kichert Felix unverhohlen. Auch ich muss lachen, doch achte ich nach dieser Information darauf, besser hinter Felix zu bleiben.

Der Tag ist lang, *Faka Vady* begleitet uns auch hier. Ich frage Felix, ob er uns die nächste Zeile des Refrains nach *Mamy e!* beibringen kann. Wir wollen Patrick überraschen. Natürlich kennt auch Felix diesen Song. *Ny fitiavako anao tsy ho lany e!* (Meine Liebe für dich wird niemals enden!), singt er, als wir zwischen den Felsen in ein Tal absteigen. »Was genau bedeutet diese Zeile?«, frage ich ihn. Die Sonne brennt grell, wir sind seit mehreren Stunden unterwegs. »Er singt...«, Felix fasst sich an die Stirn, ihm fällt ein Wort nicht ein. »Die Zeile beschreibt eine große Liebe«, antwortet er unzufrieden. Ein Madagaskarfalke kreist hoch oben am Himmel, Felix schaut hinauf und zeigt ihn mir stumm. Der Weg ist so schmal, dass wir hintereinander gehen. Alle warten gespannt auf seine Antwort, auf das Wort, das er nicht findet. »Stell dir vor, du hast eine Schüssel gefüllt mit Reis, und diese Schüssel ist immer voll, egal, wie viel du isst. So ist das mit dieser Liebe.« – »Die Liebe ist wie eine Schüssel voller Reis?«, frage ich belustigt. Erneut stoppen wir auf unserem Weg ins Tal. »Ja, genau, aber wie eine, die nicht leer wird«, sagt Felix ernst, und ich verstehe allmählich, dass er von ewiger Liebe spricht.

Als der Tag endet und ich mich nur mit einem Blick von Felix verabschieden darf, merke ich, dass mir nicht in erster Linie die atemberaubende Landschaft des Isalo-Nationalparks in Erinnerung bleiben wird. Es werden die Gespräche mit ihm sein, der uns nicht nur die Lebensweise der Bara erklärte, sondern auch mit uns diskutierte und uns keinen unserer Gedanken, keine unserer unüberlegten Handlungen oder Fragen übel nahm.

Patrick wartet im Minibus auf einem Parkplatz auf uns. Sofort singen wir ihm die neue Zeile vor, die wir von Felix lernten, und ich erzähle Patrick von dieser unglaublichen Liebe, die wie eine Schüssel voll Reis ist. Da kichert Patrick und sagt: »Ja, genauso ist es. Das ist wirklich das Beste, was einem Madagassen ... ach, jedem Menschen passieren kann! Wenn du eine Schüssel mit Reis hast und sie niemals leer wird. Ich liebe Reis!« Und ich, ich liebe diesen Vergleich, diesen Song, dieses Land und vor allem Patrick. *Faka Vady* wird bei uns bleiben, Patrick nicht. Am Flughafen umarme ich ihn zum Abschied, ich bin froh, dass er Merina und kein Bara ist.

Noch viele Male werde ich Rak Roots Song hören und über Felix' Worte nachdenken: Endlose Liebe ist wie eine Schüssel voll Reis, die sich niemals leert. Und schließlich werde auch ich die Erkenntnis erlangen, dass dieser Vergleich weder banal ist noch mich amüsieren sollte. Denn dauerhaftes Sattsein und immerwährende Liebe sind die besten Dinge, die einem Menschen passieren können.

JULIETH

Tansania
Daressalam

Julieth war da. Von Anfang an. Sie beäugte Bea und mich zunächst argwöhnisch. Wir waren die neuen Weißen, die zwei Zimmer im ersten Stock des Hauses von Mama Beatrice - einer Geschäftsfrau, die überschüssigen Wohnraum vermietete - bezogen hatten. Julieth wohnte mit ihrem Ehemann John und ihrer kleinen Tochter Janeti im Erdgeschoss. Wir teilten uns ab sofort ein Zuhause. Trotz ihrer anfänglichen Skepsis wurde das zaghafte Hallo schnell zu einer kräftigen Umarmung, und in den dunklen, stromlosen Nächten, in denen Julieth uns am tristen Küchentisch im Kerzenschein von den Regeln ihres Landes erzählte, rückten wir Stück für Stück näher. »Warum tragt ihr immer Plastik-Flipflops?«, fragte sie uns. »Weil wir uns anpassen wollen«, antwortete ich und dachte nicht daran, dass das ein Problem sein könnte. »Ihr Wazungu habt doch Geld, also müsst ihr euch ordentliche Schuhe anziehen«, erklärte Julieth. »Wenn ihr nämlich Plastik-Flipflops tragt, dann scheint es so, als ob ihr euch über die Armen lustig machen würdet.« Mich überraschte diese Interpretation, doch konnte ich sie ein Stück weit nachvollziehen. Ich achtete darauf, nicht mehr die billigen Plastiksandalen zu tragen, die man für ein paar Cent am Kiosk kaufen konnte, und nahm stattdessen etwas höherwertige.

Für uns war zunächst nicht ganz ersichtlich, wer überhaupt alles das Haus bewohnte, wer blieb und ging, uns wohlgesinnt war oder uns ablehnend gegenüberstand. Mama Beatrice hatte einige Kinder, viele Nachbarn, Haushälterinnen, die ebenfalls im Haus schliefen. Das ständige Kommen und Gehen schien alltäglich zu sein. Schon nach wenigen Wochen verstanden wir, dass Mama Beatrice eine harte Business-Lady war. Hauptsächlich sah sie in uns eine Einkommensquelle, denn unsere deutsche Entsendeorganisation mietete Zimmer für die Freiwilligen an. Wir erlernten die Hackordnung in diesem Haus, die gewaltigen Hierarchiestufen, an deren Spitze Mama Beatrice trohnte. Oft versuchten wir, sie zu unterwandern. Eines Nachmittags zeigte ich heimlich einem jungen Mädchen, das als Hausangestellte kochte und putzte, in seiner Pause, wie ein Laptop zu bedienen war. Meine Treffen mit ihr, sie hieß Pendo, wurden regelmäßig. Als Mama Beatrice von dieser Unverschämtheit erfuhr, feuerte sie Pendo ohne Vorwarnung und behielt ihr Gehalt der letzten drei Monate. »Sie hat schlecht gearbeitet«, sagte Mama Beatrice, als wir sie fragten.

Es war Julieth, die uns von dem schrecklichen Ereignis und Mama Beatrice' Ungerechtigkeit berichtete. Pendos Zukunft war jetzt ungewiss. Alles, was sie gehabt hatte, war diese Stelle. Ihre Familie war viel zu arm, als dass sie zu Hause hätte leben können, vielleicht sogar zu arm, um ihren Unterschlupf überhaupt als Zuhause zu bezeichnen. Wir fühlten uns schuldig. Pendo hatte zu viel Zeit mit uns verbracht. Das war ihr zum Verhängnis geworden. Julieth arrangierte ein Treffen mit ihr und wir ersetzten ihr das verweigerte Gehalt, das ihr rechtmäßig zustand. Niemand, am wenigsten Pendo selbst, wusste, wie ihr Leben von nun an verlaufen würde. Erst nachdem sie fort war, wurde mir bewusst, dass es vielleicht ein Abschied für immer war.

Julieth war zweiundzwanzig Jahre alt, als ich sie kennenlernte. Wie viele andere Menschen in Tansania nannte auch Julieth mich nicht Jenny, sondern Janeti. Und weil ihre Tochter den gleichen Namen hatte, rief sie stets »Janeti mkubwa«, große Janeti, wenn sie mich sprechen wollte. Liebevoll lachte Julieth über ihre einjährige Tochter, die griesgrämig das Gesicht verzog, wenn sie uns mit tapsigen Schritten begegnete. Doch schließlich fasste auch sie Zutrauen zu uns.

»Es tut mir leid, dass du deine Mutter nicht sehen kannst«, sagte sie eines Tages, als ich ihr traurig erzählte, dass meine Mutter aufgrund eines Bandscheibenvorfalls unter starken Rückenschmerzen litt und operiert werden musste. »Wo ist deine Mutter eigentlich?«, fragte ich sie, während sie mir zeigte, wie man Kokosnussöl herstellte. Es war eine wichtige Frage, die sie veranlasste, über ihre ungleiche Ehe mit John, ihre Kindheit und ihr Zuhause zu sprechen. »Meine Mutter wohnt in Bukoba, am Viktoriasee, in der Nähe der ugandischen Grenze. Ich habe sie seit mehr als zwei Jahren nicht gesehen, aber wir telefonieren sehr viel«, sagte Julieth, während sie schulterzuckend das Fleisch der Kokosnuss mit einem Mörser zerdrückte. »Weißt du, Janeti, wir waren sehr arm. Ich hatte keine Schuhe, um zur Schule zu gehen. Mit achtzehn Jahren kam ich nach Daressalam, um meiner kranken Tante zu helfen, auf ihre Kinder aufzupassen. Das macht man hier so. Und eines Tages habe ich in einer Bank John kennengelernt. Nur wenig später hat er mich gefragt, ob ich seine Frau werden will. Er ist so viel älter als ich, aber er ist ein wirklich guter und fürsorglicher Mann.«

»Vermisst du deine Mutter?«

»Natürlich, sie ist meine Mutter«, sagt Julieth lachend.

»Kann John deine Mutter nicht herholen?«

»Vielleicht wird sie eines Tages herkommen, aber ich habe noch einen jüngeren Bruder, er kann nicht allein leben, und das Busticket ist zu teuer, um uns zu besuchen.« Ich recherchierte und fand heraus, dass ein Busticket nach Bukoba etwa vierzig Euro kostete.

Noch lange dachte ich über dieses Gespräch nach, über die Fähigkeit Julieths, Mitgefühl für mich aufzubringen, obwohl ich es mir selbst ausgesucht hatte, ein Jahr meines privilegierten Lebens in Tansania zu verbringen, während sie ihre Mutter aufgrund bitterer Lebensumstände jahrelang nicht gesehen hatte und auch nicht wusste, wann sie sie je wiedersehen würde. Täglich begegneten wir uns in der Küche, stets fragte sie mich ernst nach dem Genesen meiner Mutter. Ich hingegen wusste nicht, wie ich mich nach ihrer Mutter erkundigen sollte, ohne Traurigkeit bei ihr hervorzurufen.

Die letzten Tage des Jahres 2010 brachen an und ich wollte mit zwei Freundinnen über Weihnachten und Silvester nach Uganda und Kenia reisen und dort andere Freiwillige besuchen, die wir während unseres Vorbereitungsseminars in Deutschland kennengelernt hatten.

Wenige Tage vor meiner Abreise ging ich also zu Julieth und erzählte ihr, dass ich nach Uganda fahren und daher durch Bukoba, die Heimatstadt ihrer Mutter, kommen würde. Weil Fotos eine Kostbarkeit waren und die Post sehr unzuverlässig arbeitete, fragte ich sie, ob ich mit meiner winzigen Kompaktkamera ein paar Fotos für ihre Mutter schießen solle, um sie ihr vor Ort zu übergeben. Ihre Arme lagen um meinen Hals, als sie meine Frage bejahte. Es gab eine große Fotosession, Tanten und Cousinen kamen in unser Haus nach Kimara, und Bea und ich suchten anschließend ein Geschäft in Daressalam, in dem wir die Fotos für Josephine, Julieths Mutter, ausdrucken konnten.

Am Abend vor meiner Abfahrt brachte Julieth mir eine riesige Weihnachtskarte mit lieben Wünschen. »Du wirst meine Mutter sehen«, sagte sie und wischte sich eine Träne weg. »Merry Christmas, Janeti. Sei vorsichtig unterwegs.« Ich schluckte schwer, als ich sah, wie gerührt sie war. Ich fühlte mich seltsam schuldig, weil ich Geld zum Reisen hatte und die Begegnung mit ihrer Mutter für mich so leicht zu organisieren war.

»Ich bin froh, dass du da bist«, sagte ich leise, als sie am späten Abend wieder zu ihrer Tochter in ihr Zimmer im Erdgeschoss ging.

Der Morgen kam. Um vier Uhr brach ich auf, um mit pochendem Herzen nach Bukoba zu fahren. Draußen war es noch dunkel. Es war nicht absehbar, wann der Bus sein Ziel erreichen würde. Der Tag ging vorüber. Als die Nacht hereinbrach, hielten wir für längere Zeit am Busbahnhof einer

Kleinstadt. Zu später Stunde, wenn Diebe und Plünderer die Wege belagerten und auf Beute hofften, gab es keinen Verkehr mehr auf den Straßen des Landes. Die Morgendämmerung war es also, auf die wir nun im stehenden Bus warteten. Ich blieb schlaflos. Gestalten zogen an meinem Fenster vorbei, während ich mühsam versuchte, die Moskitos fernzuhalten, die durch die stickige Luft irrten. Doch es ging weiter, und am frühen Nachmittag des neuen Tages erreichten wir schließlich Bukoba, die Heimat von Julieth. Etwas nervös stieg ich aus. Wir waren die einzigen Weißen im Bus, vielleicht die einzigen in der ganzen Stadt. Kaum waren wir wenige Schritte gegangen, kamen auch schon eine schüchterne Frau und ein Jugendlicher auf uns zu. »Sie wird auf dich warten, stundenlang wenn es sein muss, und dich erkennen«, hatte Julieth noch gesagt, als ich sie fragte, wie ich ihre Mutter im Gewimmel eines tansanischen Busbahnhofs entdecken sollte. Unsere Begegnung war vorsichtig, Josephine grüßte verhalten, stellte mir Julieths Bruder vor. Es war schnell ersichtlich, dass wir uns aufgrund der Sprachbarriere nicht viel erzählen konnten. Ich übergab ihr die kostbaren Fotos und erkannte erst in diesem Moment, dass die Frau ihr Enkelkind noch nie gesehen hatte. Liebevoll betrachtete Josephine die Fotos, strich mit dem Finger vorsichtig über das Gesicht ihrer Tochter. Bevor wir uns verabschiedeten, fragte ich sie, ob sie für Julieth eine Videobotschaft aufnehmen wolle. Die kleine Frau stand mit ernstem Blick vor der Kamera und sprach auf Kisuaheli einige Sätze. Ich konnte ihre Emotion nicht deuten.

Im neuen Jahr kehrte ich zurück nach Kimara und zeigte Julieth das Video ihrer Mutter. Sie schluchzte und lachte und drückte mich fest, als sie auf den Bildschirm meines Laptops starrte. »Sie weiß nicht, was sie machen soll«, kicherte Julieth. Josephine war ein wenig überfordert davon gewesen, dass sie ihrer Tochter nun eine Botschaft überbringen konnte, die diese nicht nur hören, sondern auch sehen würde. »Es geht ihr gut«, sagte Julieth, »ich kann es jetzt sehen. Danke, Janeti.«

Julieth wurde zu Beas und meiner tansanischen Familie. Sie brachte Saft an mein Bett, als ich Malaria hatte, und ich fuhr mit ihr ins Krankenhaus, als sie Herzprobleme bekam. Sie lud uns Ostern ein, mit ihrer Familie zu essen, und besuchte mit uns ihre Tante, die Mutter von zwei kranken Kindern war. Diese litten an der Sichelzellanämie und hatten keine Aussicht auf ein langes Leben, weshalb der Vater sie verlassen hatte, um neue Kinder zu zeugen. Julieth gab uns häufig tansanische Speisen zum Probieren und wir ihr deutsche Schminke. Sie lachte mich aus, als ich am Ende der Regenzeit in einem Schlammloch ausrutschte, doch sie zeigte mir anschließend eine Waschtechnik, mit der ich meinen Rock von der roten Erde befreien konnte. Sie lobte mich, wenn ich zu meinem Entsetzen schon wieder zugenommen hatte, und erklärte, dass ich schon bald wie eine echte Mama aussehen würde. Sie fragte mich, warum ich noch keine Kinder hatte, und ich versicherte ihr, dass spätes Mutterwerden in Deutschland kein Problem darstelle. Sie erklärte mir die tansanische Politik und die aktuellen Nachrichten. Ich erzählte ihr von der Nuklearkatastrophe von Fukushima, die hier kaum Erwähnung fand. Es gab ganz andere Probleme. Deutlich wurde mir in dieser Zeit vor Augen geführt, wie stark das Weltgeschehen, die Sicht auf das Leben und alles drum herum von den unterschiedlichen Perspektiven abhängt. Und wie unfassbar wenig ich nicht nur vom tansanischen Geschehen wusste, sondern auch von der Politik auf dem ganzen riesigen Kontinent.

Eines Tages legte mir Julieth schließlich ihr Neugeborenes, ihr zweites Kind, in die Arme, als ich sie nach der komplizierten Geburt besuchte. Der kleine Johnson war noch ganz erschöpft und schlief viel in der heißen Luft Kimaras. Julieth zeigte mir ihre verpfuschte Operationsnaht. Zum zweiten Mal hatte sie nun einen Kaiserschnitt, der nur schwer verheilte, zudem ein Herz, das zu oft raste. Wir machten uns häufig Sorgen.

Im Mai 2011, nachdem wir wieder einmal in der Küche saßen und sie meine eher dürftigen Fortschritte in Kisuaheli lobte, sagte sie einen entscheidenden Satz: »Janeti, du bist kein Mzungu mehr, du bist jetzt eine von uns.« Ich war also angekommen, angenommen, akzeptiert, zumindest von ihr. Wenn Bea und ich durch Kimara liefen, riefen die Menschen uns nun unsere Namen und nicht mehr *Wazungu* hinterher. Sie fragten mich, wie meine Reise war, wenn ich heimkehrte, oder wie mir mein Mittagessen geschmeckt hatte. Dieses Gefühl, dazuzugehören, verdankte ich Julieth. Natürlich war ich immer noch eine privilegierte Weiße mit einem Ablaufdatum, doch war die erste Hürde genommen. Es braucht Zeit, um in der Gesellschaft und nicht am Rande zu sein.

Ich nahm unendlich viele Erinnerungen an Julieth mit, ihren leicht schockierten Gesichtsausdruck, wenn sie etwas missbilligte, ihr lautes Lachen und die Art und Weise, wie sie meinen Namen sagte. Sie integrierte mich, brachte mir ihre Kultur näher, förderte mein Verständnis. Julieth war da. Von Anfang an. Und gab mir ein Zuhause.

Der Tag des Abschieds rückte näher, ein Leben in Deutschland erwartete mich. Der Alltag des vergangenen Jahres würde niemals wiederkehren. Das letzte Mal, dass ich Julieth sah, standen wir auf einem der sandigen Wege Kimaras und weinten kurz und heftig. Wir waren nicht sicher, ob wir Kontakt würden halten können. Obwohl Julieth keinen Internetzugang besaß, hatte ich ihr eine E-Mail-Adresse eingerichtet. Natürlich würden wir gelegentlich SMS schreiben, doch zu viele Unwägbarkeiten konnten dazwischenkommen. Handys wurden geklaut, Nummern häufig gewechselt. Ich wusste, dass ich irgendwann zurückkehren würde. Sie hatte weniger Möglichkeiten. Alles, was sie tun konnte, war auf ein Wiedersehen zu warten.

Etwa zwei Monate nachdem ich abgereist war, erhielt ich von Julieth die Nachricht, dass ihr Ehemann John spurlos verschwunden war. Sie machte sich Sorgen, hatte Angst, dass er Opfer eines Unfalls geworden war. Ein paar Wochen später sah ihn eine Nachbarin mit einer anderen Frau. Er hatte seine Frau und seine beiden Kinder verlassen. Er hatte sich nicht verabschiedet. Er war gegangen. Einfach so. Unvorstellbar. Lange beweinte Julieth diesen Vertrauensbruch.

Zwei Jahre lang schrieben wir spärliche SMS. Dann hatte Julieth ein Smartphone, und ein regelmäßiger Kontakt wurde einfacher. Sechs Jahre nach meiner Abreise, in denen ich mein Studium und mein Referendariat beendet hatte, reiste ich 2017 endlich wieder nach Tansania, zurück zu Julieth. Sie sagte mir, dass sie es erst glauben würde, wenn sie mich sähe. Perspektiven und Träume werden in diesem Land nicht leicht vergeben, viel zu häufig zerschlagen. Daher lebt es sich leichter in der Gegenwart.

Ich erinnere mich daran, wie ich mit Timon in dem kleinen Bajaji auf der Sandstraße entlangholperte. Unser Fahrer telefonierte mit Julieth, damit sie ihm den Weg erklärte. Während ich in Hannover meine Ausbildung abgeschlossen, Partynächte erlebt und das Jungsein gefeiert hatte, musste Julieth viele Male umziehen. Stets bangte sie um das Wohlergehen ihrer kleinen Familie. Sie konnte Mieten nicht bezahlen, wurde auf die Straße gesetzt und von ihrer Tante wieder aufgenommen. Jetzt lebte sie in einem kleinen Haus in Temeke, einem Vorort Daressalams. Im letzten Jahr hatte sie Anisia geboren. Den Vater, einen tansanischen Regierungsbeamten, der in Ruanda arbeitete, gab es offiziell nicht, doch übernahm er immerhin gelegentlich die Miete für das Haus.

Das Bajaji bog ein letztes Mal ab, dann war es so weit. Ich sah aus der Ferne die Umrisse einer Frau, sie starrte uns entgegen, eine Hand an die Stirn gelegt. Wir näherten uns, dann hielten wir an. Julieth schlug die Hände vor den Mund, Tränen kullerten aus großen Augen und wieder auf einem

Sandweg schlossen wir uns in die Arme. »Janeti«, das war alles, was sie sagen konnte. Diese Begegnung glich auf seltsame Art unserem Abschied.

Julieth führte uns ins Wohnzimmer, einen sauberen Raum ohne Wandschmuck oder Möbel. Nur ein Sofa stand in der Mitte. Dort begegnete ich ihrer Mutter, zum zweiten Mal. Sie hatte es endlich zu ihrer Tochter geschafft, die Schüchternheit von damals abgelegt und ließ vor Freude meine Hand nicht los. Janeti und Johnson waren nun Schulkinder, kannten mich nur aus Erzählungen. Ein langer Nachmittag begann, unsere Bande wurden belebt, alte Zeiten schienen hell, manchmal dunkel. Julieth erzählte traurig, wie sehr Johnson darunter leide, dass sein Vater sie verlassen hatte. »Wenn er wütend ist, dann sagt er, dass er bei seinem Vater wohnen will.«

Als wir ein Jahr später, 2018, mit unseren Freunden Suhel und Falko wiederkamen, gab es eine riesige Zusammenkunft in Julieths Wohnzimmer. Tanten, Geschwister, Großmütter, Nachbarn und Freunde waren da. »Du bist selbstsüchtig, wenn du die Gäste nur für dich haben willst«, sagten sie Julieth. Also war der kleine Raum prall gefüllt. Wir spazierten gemeinsam durch die Nachbarschaft, begrüßten die Menschen auf dem Markt, kauften Obst für den Nachtisch, und für einen winzigen Augenblick war es so, als wären wir wieder in Kimara, als ginge ich erneut durch den Stadtteil, in dem ich innerhalb eines Jahres von der Mzungu zu Janeti wurde.

Zwei weitere Jahre vergingen, wir finanzierten mithilfe von Timons Tanten eine private Schule für Janeti und

Johnson, in der sie auch wohnen konnten. Julieth sagte es mir nie, aber ich ahnte, dass sie ihre Kinder untergebracht wissen wollte, falls sie wieder rausgeschmissen werden würde, weil die Miete fehlte. Natürlich war die Bezahlung des Schulgeldes hilfreich, aber nur bedingt nachhaltig. Ich wollte nicht, dass Julieth emotional oder ökonomisch von uns abhängig würde. Besser wäre es, sie dabei zu unterstützen, ein eigenes Einkommen zu erlangen. Sie versuchte vieles, arbeitete ganztags bei einem Friseur für etwa zwei Euro Tageslohn, obwohl sie einen Bachelorabschluss in Internationale Beziehungen und Diplomatie hatte. Sie nahm Gelegenheitsjobs an und verzweifelte häufig als alleinerziehende Mutter dreier Kinder in einem Land ohne Arbeit, ohne Krankenversicherung, ohne Unterstützung. Julieth hatte über die Jahre hinweg einige Ideen, um sich etwas aufzubauen: eine Bar (»Trinken wollen die Menschen immer«), einen Stand, an dem sie gesunde Smoothies verkaufen wollte (»Gesund leben ist wichtig«) oder einen eigenen Haarsalon (»Haare werden auch immer wachsen, egal, was passiert«). Doch nichts davon wollte richtig zünden. 2020, neun Jahre nach unserem ersten Abschied, hatte Julieth schließlich eine Idee, die sich umsetzen ließ: Sie wollte Motorräder kaufen und sie dauerhaft, oft für mehrere Monate, als Taxis an junge Männer vermieten. Zwar gibt es bereits viele Bodaboda-Taxis, doch werden sie gern genutzt, besonders in der Regenzeit. Dafür würde Julieth täglich einen kleinen festgesetzten Betrag von ihren Mietern bekommen, unabhängig davon, wie viel Umsatz sie machten. Julieth erklärte mir, dass einige der jungen Männer kaum schulische

Bildung hätten und das Bodaboda-Fahren für sie eine der wenigen Möglichkeiten sei, sich etwas Geld zu erarbeiten. Wir rechneten gemeinsam aus, dass Julieth mit drei Motorrädern genug verdienen könnte, um ihren Lebensunterhalt und das Schulgeld ihrer Kinder zu bezahlen. Gleichzeitig könnte sie Geld sparen, um ein viertes zu erwerben - sofern alles nach Plan verlief. »Gibt es dort Versicherungen für die Motorräder?«, wurden wir in Deutschland gefragt, als wir von unserem Vorhaben, das Startkapital zu stellen, erzählten. »Nein, die gibt es nicht.« - »Und was passiert, wenn die Motorräder geklaut werden?« - »Dann muss der Fahrer sie ersetzen«, antworteten wir, obwohl wir wussten, dass das schwierig werden könnte. Wieder einmal merkten wir, auch an unseren eigenen Bedenken und Sorgen, dass wir in Deutschland aufgewachsen waren, einem Land, in dem man sich gegen alles versichern konnte und in dem jedes Risiko minimiert wurde. Wir hatten Angst, dass Julieth vielleicht betrogen werden würde, dass Menschen, die ihr nicht wohlgesinnt waren, mitbekämen, dass sie Geld von Deutschen erhielt und sie erpressen würden. Doch letztlich kamen wir in unseren Diskussionen immer wieder zum gleichen Ergebnis: Deutsche Vorsicht hilft in einem Land wie Tansania einfach nicht weiter. Wen interessiert eine Motorradversicherung, wenn noch nicht einmal gesichert war, dass die Miete bezahlt werden konnte oder der Dorfarzt genug Strom hatte, um eine Malaria zu diagnostizieren? Das Leben hält ganz andere Risiken bereit. Also kauften wir die Fahrzeuge und Julieth suchte vertrauenswürdige junge Männer aus. Das Business läuft gut. Jetzt schickt mir Julieth immer wieder fröhliche Fotos von sich und ihrer Familie. »Die Kinder werden so schnell groß«, steht unter dem letzten. Alles, was uns jetzt noch bleibt, ist abzuwarten und zu hoffen. Vielleicht geht der Plan auf, wenn das Leben nicht dazwischenkommt, vielleicht geht es schief und Julieth wird betrogen. Ich weiß es nicht. Am Ende weiß ich nur, wir haben es versucht. Und das fühlt sich für mich richtig an.

2018. »Weißt du, Janeti, ich würde gern nach Deutschland kommen«, erzählte mir Julieth bei unserem letzten Treffen. Wir hatten sie am Abend vor unserer Heimreise in ein Restaurant am Meer mit kosmopolitischem Flair eingeladen.

»Was willst du dann dort machen?«

»Vielleicht einen Master, ich könnte mich um ein Stipendium bewerben.«

»Das wäre toll!«, rief ich aus und setzte hinzu: »Und deine Kinder?«

Da seufzte sie schwer: »Die müssten bei meiner Mutter und meiner Tante bleiben. So ist das hier, wenn man seinen Kindern irgendwann einmal ein besseres Leben bieten will.«

Ich nickte vorsichtig.

»Und wenn das mit dem Master nicht klappt, kann ich doch als Putzfrau arbeiten.«

»Aber Julieth, mit dem Job verdient man auch in Deutschland nicht viel Geld. Und willst du das wirklich machen?«

Sie überlegte. »Ich verdiene hier in Daressalam vielleicht vierzig Dollar im Monat, wenn ich den ganzen Tag arbeite. Kommt immer ganz auf den Job an. Wenn ich aus

Deutschland jeden Monat hundert Euro zu meiner Familie schicken könnte, dann wäre das schon mehr als doppelt so viel!« Ihre Rechnung schockierte mich. So viele Monate hatte ich in Tansania verbracht und war einige Male zurückgekehrt. Hatte ich das Leben hier wirklich verstanden? Ich glaube nicht. Ein bisschen, vielleicht. Viel zu abstrakt ist die Vorstellung von Julieths Leben für mich, obwohl ich ihr so nah bin. Es ist schwer, sich tatsächlich in das Leben eines Menschen hineinzuversetzen, wenn das eigene so viel mehr Sicherheiten bietet.

Die meisten Gäste waren schon gegangen, als der Kellner die Rechnung brachte. Etwa sechzig Dollar. »Danke für den tollen Abend, ich habe mich wie jemand Besonderes gefühlt«, sagte Julieth beim Rausgehen.

Wieder einmal standen wir uns gegenüber zum Abschied nehmen. Natürlich weinten wir, das kannten wir ja schon, und mussten dabei auch ein wenig über uns lachen.

»Wir werden schon irgendwie eine Lösung für dich und die Kinder finden«, sagte ich selbstsicher und gab ihr damit Hoffnung und mir genug Druck, um endlich aktiv zu werden. »Danke, dass du von Anfang an für mich da warst«, flüsterte ich ihr ins Ohr, als wir uns ein letztes Mal umarmten, »nakupenda sana.« Ich habe dich sehr lieb.

Jennifer McCann lebt und arbeitet in ihrer Heimatstadt Hannover als Lehrerin und Autorin. Unter anderem veröffentlichte sie in den Anthologien *The Travel Episodes* bei Malik National Geographic. Ihr erstes Buch *Reisedepeschen aus Bolivien und Peru* erschien 2019. Unterwegs auf oft ungewöhnlichen Routen und in lokalen Verkehrsmitteln reizen sie besonders die ungeplanten Begegnungen und Abenteuer, die sie mit den eigenen Vorurteilen und Klischees konfrontieren.